検証 日本の教育改革

激動の2010年代を振り返る

京都大学大学院教育学研究科
教育実践コラボレーション・センター 監修

南部広孝 編著

はじめに

日本では近年、初等中等教育でも大学教育でも、また両者をつなぐ大学入学者選抜（大学入試）でも、様々な改革が進められている。具体的には、新たな学習指導要領と学習評価の実施、ＳＳＨやＳＧＨ、ＷＷＬといった後期中等教育における特色ある教育活動の展開、教員の養成や働き方をめぐる改革の取り組み、教育の情報化の進展、大学入学共通テストの導入を含む高大接続改革や三つのポリシーの策定をはじめとする大学教育改革の実施、大学の国際化に向けた政策の展開、新たな機関類型としての専門職大学（専門職短期大学）の導入などであり、それぞれより適切だと考えられる教育の実現に向けた検討が進められ、必要だとされた取り組みが実施に移されている。これらの改革や新たな取り組みは、別々に行われているというよりも大きな流れの中で相互に関係性を有している。そして、その基底にはこれまでの日本の教育のあり方を規定してきた学校観、大学観、教育観、学習観などがあり、同時にまた、それらを見直そうとする動きも看取される。

2020年初頭からの新型コロナウイルス感染症の影響はいまだ収束の見えない状況にある。2020年2月27日に安倍首相（当時）が全国すべての小学校、中学校、高等学校、特別支援学校について3月2日から春休みまで臨時休業を行うよう要請し、4月に緊急事態宣言が出されて以降、多くの学校が休校措置をとった。その間、それぞれの教育委員会や学校では様々に工夫して教育の実施や学習支援、子どもの居場所確保などの取り組みが行われた。同時に、学習の遅れや教育格差の拡大に対する懸念などから、長引く休校措置に対する批判や早期の学校再開の主張も見られた。こうした取り組みや議論は、学校とはどういう場であり、学校教育は何をなすべきなのかを改めて問い直す契機にもなったと考えられる。

近年の教育改革の流れを理解しようとするとき、視点の取り方がいくつか考えられる。一つは、最近の1年間や2年間といったごく短い期間で把握しようとする微視的な視点である。このような視点をとれば、より小さな変化に目を配り、改革の内容を詳しく知ることができる。もう一つは、たとえば第二次大戦後から今日までというように比較的長い期間を設定して、その中に近年の改革を位置づける巨視的な視点である。この視点によって、マクロな観点から変化の大きな方向性を把握したり長期間変わらない学校観や教育観を考察したりすることが可能になるだろう。本書で用いるのは両者の中間的な視点であり、2010年頃からのおよそ10年間を対象として日本においてとられた教育の改革や政策の動向を検討している。そして、それぞれの改革や政策に関して重要なポイントを具体的に取り上げつつ変化の動向をとらえ、あわせてその可能性や課題についても言及している。ただし、最近のコロナ禍での対応については必ずしも焦点をあわせていない。本書を手に取った読者が、日本における近年の教育改革に対する理解を深めると同時に、日本の教育がどのような方向に進もうとしているのかを考えてもらえれば幸いである。

最後に、本書ができた経緯について簡単に述べておきたい。本書の内容はもともと、京都大学大学院教育学研究科と中国教育科学研究院（北京市）との共同研究の成果として準備されたものである。この共同研究は、教育学研究科に設置された教育実践コラボレーション・センターが中心的に担っている。本書はまた、2020年10月から京都大学全学経費「ポストコロナ時代における教育問題解決に向けた学校支援の展開」を得て実施されたプロジェクトの成果の一部でもある。コロナ禍の学校で生じている諸課題の解決に向けた支援と新たな学校モデルの提言を目指すこのプロジェクトも、教育実践コラボレーション・センターが中心になって進めており、その一環として近年の教育改革の検討を行った。巻末にセンターの紹介を載せてあるので、関心のある方はぜひご覧いただきたい。

京都大学大学院教育学研究科教育実践コラボレーション・センター長
南部広孝

第2章 初等中等学校の教育課程改革
―学習指導要領改訂とその後―

第3章 ITリテラシーとプログラミング教育

第4章 高度な科学技術人材の育成をめざす教育

第8章 グローバル化時代における大学の国際化政策

第1章

日本の教育改革の主な政策措置

本章では、概ね2010年以降の日本の主要な教育政策を取り上げ、その内容や背景について概説する。第1節では、初等中等教育に関する政策について、時代の変化に対応するために実施されているものを中心に取り上げる。第2節では、高等教育政策のうち、その中心を占める大学教育に関する政策を取り上げる。

服部憲児／松本圭将

1　2010年以降の初等中等教育に関する主要政策

現代の日本には様々な教育課題があり、それを解決すべく教育改革が進められている。そのために、教育に関係する様々な領域について、文部科学省（以下、文科省）において数多くの政策が企画・立案・実施されている。とりわけ20世紀末から21世紀にかけては社会の変化が激しく、国際化・グローバル化、情報化が急速に進展した。ＡＩの進化によりどのような未来が待ち受けているか予測も困難な時代になっている。このような急激な社会の変化に呼応する形で教育問題が多様化・複雑化しており、それらに対応するために従来とは異なる新しい教育のあり方が求められるようになっている。

一方で近年においては、教育再生実行会議を軸とした政治・官邸主導での教育改革という特徴が見られる。[1] ２０１２年末に経済再生とともに教育再生を重要課題とする公約を掲げて第二次安倍内閣が成立し、年明けの２０１３年１月には教育再生実行会議の設置が閣議決定された。それは「21世紀の日本にふさわしい教育体制を構築し、教育の再生を実行に移していくため、内閣の最重要課題の一つとして教育改革を推進する」ために設けられたもので、２０２１年までに12の提言を出しており、その多くは中央教育審議会（以下、中教審）の審議を経て法制化されるなどし

(1)　高見茂「教育行政の概念」高見茂・服部憲児編『教育行政提要（平成版）』協同出版、2017年、20ページ。

(2)　教育再生実行会議「これまでの提言の実施状況について（報告）」2018年。

て実現されている。[2] 以下、このような流れの中で展開されている主要な初等中等教育に関する政策のうち、とくに時代の変化に対応するために実施されているものを中心に記述する。[3]

(1) ICT活用の推進

教育の情報化政策は1960年代にはすでにその議論が見られるが、情報化社会が進展するにつれその政策的重要度は高まっていると言える。1990年代には「教育用コンピュータ整備計画」が始まり、2000年代には国のIT化戦略の強化を受けて、学校での情報環境の整備が促進された。ICT環境の整備は、2006年の教育基本法の改正により策定されることになった「教育振興基本計画」の中で計画化されている。[4]

2017・2018年改訂学習指導要領においては、学習の基盤となる資質・能力の一つとして情報活用能力が位置づけられると同時に、各学校におけるコンピュータや情報通信ネットワークなどの情報手段を活用するために必要な環境整備、それらを適切に活用した学習活動の充実が求められている。また、小学校においてはプログラミング教育が必修化され、学校教育においてICTが多く活用されることが想定されている。これに対応して、文科省は「2018年度以降の学校におけるICT環境の整備方針」を取りまとめ、「教育のICT化に向けた環境整備5か年

(3) 文科省を中心に行われている教育政策は多岐にわたっており、ここでそれらをすべて網羅的に紹介できないことをあらかじめお断りしておきたい。たとえば、いじめ・不登校対策、道徳教育の充実、小中一貫教育の推進、無償化（高校および幼児教育）、子ども・子育て支援制度、教育委員会制度改革など、本節で紹介できない重要政策は多数ある。これらの政策の重要性が決して低いものではないことを申し添えておく。また、学習指導要領の改訂については第2章を参照いただきたい。

(4) 開沼太郎「教育の情報化政策と学校経営」高見茂・服部憲児編『学校経営』協同出版、2017年、181～203ページ。

計画（2018〜2022年度）」を策定し、環境整備に努めている。(5)

2019年12月には「安心と成長の未来を拓く総合経済対策」が閣議決定され、その中で初等中等教育については「Society 5.0という新たな時代を担う人材の教育や、特別な支援を必要とするなどの多様な子供たちを誰一人取り残すことのない一人一人に応じた個別最適化学習にふさわしい環境を速やかに整備するため、学校における高速大容量のネットワーク環境（校内LAN）の整備を推進するとともに、特に、義務教育段階において、令和5年度までに、全学年の児童生徒一人一人がそれぞれ端末を持ち、十分に活用できる環境の実現を目指すこととし、事業を実施する地方公共団体に対し、国として継続的に財源を確保し、必要な支援を講ずることとする」との方針が打ち出された。これを具体化する施策の一つが、学校現場におけるICT活用の推進に必要な財政支援を行うGIGA（Global and Innovation Gateway for All）スクール構想である。コロナ禍の影響により、当初計画を大幅に前倒しして2020年度内に1人1台端末環境が整備されることとなった。(6)

(2) チームとしての学校

多様化・複雑化する教育課題、学校・教員が置かれている厳しい環境に対処するために「チームとしての学校」政策が打ち出されている。その方向性は、2015年に出された中教審答申「チームとしての学校の在り方と今後の改善方策につい

(5) 文部科学省「学校における ICT 環境の整備について」(https://www.mext.go.jp/a_menu/shotou/zyouhou/detail/1402835.htm、2021年1月22日確認)。

(6) 開沼太郎「コロナ禍に伴うGIGAスクール構想の加速化にみるICT教育政策の課題」『教育行財政研究』第48号、2021年、1〜11ページ。

て」において示されている。そこでは、この政策の背景を以下のように整理している。変化の激しい社会において、子どもたちに必要な資質・能力を育むためには、教育活動のさらなる充実が必要であり、それに対応すべく学習指導要領が改訂された。その理念を実現するための方策として、授業改善と「カリキュラム・マネジメント」を通した組織運営の改善、家庭や地域との連携・協働等が位置づけられる。また、社会や経済の変化に伴って教育課題も複雑化・多様化し、学校や教員だけでは対応が難しくなっていること、さらに日本の教員は国際的にみて勤務時間が長いという調査結果があり、後述する働き方改革も推し進められていることから、学校のマネジメント強化、教育体制の整備が求められるようになっている。このような状況に対応するために、学校や教員が多様な専門スタッフ等と連携・分担する「チームとしての学校」の体制を整備し、学校の機能を強化していくことが重要であり、そのことにより教職員の専門性の発揮や教育活動の充実が期待されている。

前記答申においては、専門性に基づくチーム体制の構築、学校のマネジメント機能の強化、教職員一人一人が力を発揮できる環境の整備の三つが「チームとしての学校」を実現するために必要な視点として提示された。このうち、最初のチーム体制の構築については教職員の指導体制の充実（教員の業務の見直し、事務職員や専門スタッフの活用推進、教職員定数の拡充）、教員以外の専門スタッフ（スクールカウンセラー、スクールソーシャルワーカー、ＩＣＴ支援員、学校司書、外国語指導助手、部活動指導員等）の参画・配置、地域との連携体制の整備（地域連携担当教職員の配置）が提言された。２０１７年には学校教育法施行規則が改正され、スクールカウンセラー、スクールソーシャルワーカー、部活動指導員の法的位置づけが明確化された。また同年に、公立義務教育諸学校の学級編制及び教職員定数の標準に関する法律が改正され、障害に応じた特別の指導（通級による指導）や日本語能力に課題のある児童生徒への指導等のための教員の基礎定数化が図られている。

(3) 教員の資質能力の向上

いかなる教育改革も、最前線で教育活動を担う質の高い教員なくしては成功しない。とりわけ教育課題が多様化・複雑化し、教育を取り巻く社会環境の変化も激しい現代において、教員はアクティブ・ラーニングの視点からの授業改善、教科等を越えたカリキュラム・マネジメント等の新しい教育課程・授業方法、英語、道徳、ＩＣＴ、特別支援教育等の様々な教育課題や変化への対応に迫られている。これら諸課題に対処するには、養成・採用・研修の各段階を通じて一貫した教員の資質能力の向上のための仕組みが不可欠となっている。

２０１５年に出された中教審答申「これからの学校教育を担う教員の資質能力の向上について～学び合い、高め合う教員育成コミュニティの構築に向けて～」では、この点に関する様々な課題を整理し、「教員は学校で育つ」との考えの下、養成・

採用・研修の各段階における支援策に加えて、学び続ける教員を支えるキャリアシステムの構築のための体制整備について提言している。具体的には、教育委員会と大学等との協議・調整のための体制（教員育成協議会）の構築、教育委員会と大学等の協働による教員育成指標および研修計画の全国的な整備、国による大綱的な教員育成指標の策定指針の提示および教職課程コアカリキュラムの関係者による共同作成である。

これを受けて「教育公務員特例法」が改正され（２０１７年4月施行）、文部科学大臣が公立学校の校長・教員の計画的かつ効果的な資質向上を図るための指標（育成指標）の策定に関する指針を定めること、任命権者（教育委員会）が文科相の定める指針を参酌して校長・教員の育成指標を定め、それを踏まえて研修を体系的かつ効果的に実施するための教員研修計画を定めること、任命権者が育成指標の策定や資質向上に関する必要事項について協議を行うための協議会（教員育成協議会）を組織することが規定された。この協議会の主たる構成員は教育委員会と関係する大学であり、養成・採用・研修を通じた一体的な教員の資質向上が図られている。前述のコアカリキュラムについては、「教職課程コアカリキュラムの在り方に関する検討会」において検討され、２０１７年11月に「教職課程コアカリキュラム」として公表された。

(4) 教員の働き方改革

働き方改革は、「働く方々が、個々の事情に応じた多様で柔軟な働き方を、自分で『選択』できるようにするための改革」であり、働き過ぎを防ぎながら、ワーク・ライフ・バランスと多様で柔軟な働き方を実現するための政策である。これは労働者全体に関わるもので、教員だけに固有の政策ではない。しかし、日本の教員は世界トップクラスの長時間勤務であることが国際調査でも明らかになっており、また教員の過労死や精神疾患、休職や早期退職も問題となっていること、さらにはこのような負のイメージが教員志願者減少の一因と考えられることから、日本の教育を支える教員の働き方改革、労働環境・条件の改善は急務となっている。

この点は教育再生実行会議でも問題視され、その第10次提言（2017年）で教員の負担軽減や長時間勤務の是正等の必要性が指摘された。これを受けて中教審でもこの問題について審議がなされ、答申「新しい時代の教育に向けた持続可能な学校指導・運営体制の構築のための学校における働き方改革に関する総合的な方策について」が2019年に出された。同答申では、学校における働き方改革の実現に向けた方向性が示され、勤務時間管理の徹底と勤務時間・健康管理の意識、学校・教員が担う業務の明確化・適正化、学校の組織運営体制の改善、教師の勤務のあり方を踏まえた勤務時間制度の改革、学校における働き方改革の実現に向けた環境整備、学校における働き方改革の確実な実施のための仕組みの確立とフォローアップ等の必要性が指摘された。前述の「チームとしての学校」政策や、後述の家庭・地域との連携に関する政策も、働き方改革に関連する部分が多い。

これらを踏まえて文科省は、上限ガイドラインの指針化、専門スタッフ・外部人材の活用促進、変形労働時間制の導入など様々な取り組みを始めているが、教員の多忙化の要因は多様で複雑に絡み合っている。たとえば、法的問題（教職調整額の支給と超過勤務手当の不支給）、教員業務の特性（指向されているジョブ型ではなくメンバーシップ型の構造）、教員文化の特性（献身的教師像や業務の無限定性）などが多忙化の要因ないしは背景として指摘されており[7]、状況の改善には時間を要すると思われる。

(5) 学校と家庭・地域との連携

学校と家庭・地域との連携の重要性は、必ずしも近年になって注目されたものではない。家庭や地域の教育力低下や、学校課題の多様化・複雑化・困難化は以前より指摘されており、１９９０年代にはすでに「開かれた学校づくり」が教育改革の重要な柱の一つとなっていた。２００６年の教育基本法改正においては、「学校、家庭及び地域住民等の相互の連携協力」に関する条文（第13条）が新設され、学校と家庭・地域の連携は重要度を増してくることになる。とりわけ近年においては、

(7) 雪丸武彦・石井拓児他「『教員の多忙化』問題と教育行政学研究の課題」（課題研究報告）『日本教育行政学会年報』第45号、２０１９年、１７６〜１９３ページ。

「社会に開かれた教育課程」を軸とした学習指導要領の改訂、チームとしての学校、教員の資質能力の向上等の改革が進行する中で、三者の連携や関係性を強化する施策が推進されるようになっている。

他方で、政府の全体政策として進められている地方創生との関係でも学校と地域の連携・協働が注目されるようになっている。教育再生実行会議の第6次答申において、教育が「地域を動かすエンジン」となって地方創生を担うことが期待されており、地域住民や保護者等が学校運営に参画するコミュニティ・スクール化、地域との連携・協働体制の構築により、学校を核とした地域づくり（スクール・コミュニティ）が提案されている。

このような状況の中、中教審は答申「新しい時代の教育や地方創生の実現に向けた学校と地域の連携・協働の在り方と今後の推進方策について」（2015年）において、これからの学校と地域の目指すべき連携・協働の姿として、地域とともにある学校への転換、子どもも大人も学び合い育ち合う教育体制の構築、学校を核とした地域づくりの推進を掲げた。具体的な施策としては、コミュニティ・スクールと地域学校協働活動である。

コミュニティ・スクールは、当該学校の運営および支援に関して協議をする学校運営協議会を置く学校である。これは2004年の地方教育行政の組織及び運営に関する法律の改正により設けられた制度であり、2017年の同法改正により現在では同協議会の設置が努力義務化されている。同協議会の主たる構成員として想定されているのは、地域住民と保護者であり、学校と家庭・地域との連携を図る一手段として位置づけられる。その役割は主として、校長が作成する学校運営の基本方針の承認、教育委員会・校長に対する学校運営関連事項についての意見申し出、教育委員会に対する教職員任用等に関する意見申し出の3点である。これらの権限の詳細は教育委員会規則で定められる。実態としては参加型や説明責任型のコミュニティ・スクールよりも、学校支援型のそれが多いとされる。(8)

地域学校協働活動は、「地域の高齢者、成人、学生、保護者、PTA、NPO、民間企業、団体・機関等の幅広い地域住民等の参画を得て、地域全体で子供たちの学びや成長を支えるとともに、『学校を核とした地域づくり』を目指して、地域と学校が相互にパートナーとして連携・協働して行う様々な活動」(9)である。社会教育の一環として位置づけられているが、学校と連携・協働することが意図されており、その推進が地域の将来を担う人材の育成、地域社会の基盤構築・活性化、地域の創生につながることが期待されている。前記中教審答申では、地域学校協働活動を推進する体制として地域学校協働本部の設置が提言された。その具体的なあり方は地域の実情によって多様であり得るが、「多くの幅広い層の地域住民、団体等が参画し、緩やかなネットワークを形成する」組織であり、学校と地域との双方向の連携・協働を推進し、総合化・ネットワーク化へと発展させていくことが求められて

(8) 岩永定「分権改革下におけるコミュニティ・スクールの特徴の変容」『日本教育行政学会年報』第37号、2011年、48~50ページ、仲田康一『コミュニティ・スクールのポリティクス』勁草書房、2015年、70~72ページ。

(9) 文部科学省「地域学校協働活動」(https://manabi-mirai.mext.go.jp/torikumi/chiiki-gakko/kyodo.html、2021年3月7日確認)。

いる。(10)

2　2010年以降の高等教育に関する主要政策

本節では、2010年から2020年までの高等教育政策の動向について整理する。ここでは高等教育改革の中で中核的な位置づけにある大学教育を中心に整理を行う。1991年に行われた大学設置基準の大綱化以降、絶えず改革を迫られてきた大学であるが、この約10年間はとくにその圧力が高まっている期間にあったといえる。

まず、この期間の高等教育政策の全体的な動向について見ていく。2012年に民主党政権下で打ち出された大学改革実行プランはこの約10年間の大学改革の出発点であったといえる。同プランは「社会を変革するエンジンとしての大学の役割」を強調しており、「大学の機能の再構築」とそのための「ガバナンス強化」が大きな方向性として示された。「大学の機能の再構築」のために、①大学教育の質的転換と大学入試改革、②グローバル化に対応した人材育成、③地域再生の核となる大学づくり、④研究力強化の4点の改革の方向性が示された。また、「ガバナンス強化」について、⑤国立大学改革、⑥大学改革を促すシステム・基盤整備、⑦財政基盤の確立とメリハリある資金配分の実施、⑧大学の質保証の徹底推進の4点が示さ

---

(10)　同右。

れた。このプランの直後2012年末には前述のとおり政権交代が生じたにもかかわらず、伝統的な大学像からの転換を大学に迫り、大学をイノベーションの創出を通じた社会の課題を解決する装置とみなし、それを政治主導で進めていくという大学改革の方向性に関しては大きな変化がなかった。(11)

自公連立の安倍政権下における教育再生実行会議の提言のうち、高等教育関連の提言は高等教育を主眼として取り上げた第3次提言「これからの大学教育等の在り方について」(2013年)のほか、初等中等教育との接続を論点とした第4次提言「高等学校教育と大学教育との接続・大学入学者選抜の在り方について」(2013年)が挙げられる。その後の提言でも、各提言のテーマと関連して高等教育分野での改革が提言されており、学制改革を取り上げた第5次提言(2014年)では専門職大学の設置を、地方創生を取り上げた第6次提言(2015年)では地方への学生定着に向けた諸施策を、教育財政について取り上げた第8次提言(2015年)では奨学金の充実を、それぞれ提言している。

提言にみられる特徴として、システム全体の改革にとどまらず、教育や研究の質的な改善に着目したものが多くみられることが挙げられる。本節では、新高等教育機関の制度化、ガバナンス改革、高大接続改革、グローバル化政策、地方創生政策という五つのテーマから、近年の改革・政策動向を整理する。

---

(11) 川島啓二「大学の機能的再編成とガバナンス改革――二つの大学改革プランからの考察――」『日本教育行政学会年報』第40号、2014年、8ページ。

(1) 新高等教育機関の制度化

高等教育システム全体に関わる大きな制度改正として、専門職大学の設置が挙げられる。教育再生実行会議の第5次提言（2014年）において実践的な職業教育を行う新たな高等教育機関の制度化が提言され、2017年に学校教育法の改正が行われ、2019年度より施行された。1964年に短期大学が恒久化されて以来55年ぶりに新種の高等教育機関が創設されることとなった。教育内容の特徴としては、従来の専修学校専門課程（専門学校）が持つ実践的な技能の習得に向けた教育と、大学が持つ学問的知見に裏づけられた理論的な教育という両側面を併せ持った教育が行われることが挙げられ、授業の3分の1以上は実習であることとされている。4年制の専門職大学と2年または3年制の専門職短期大学からなり、修了すると学位が授与される。農業や観光、医療・福祉といった分野での専門職養成が想定されている。2021年4月時点で14校の専門職大学（公立2、私立12）と1校の私立大学で計26の学科と、3校の専門職短期大学（公立1、私立2）において3学科が開設されている。

(2) ガバナンス改革

大学改革実行プランの一つの柱であったガバナンス改革であるが、いくつかの改革が実行されている。国立大学のガバナンス改革に関しては、2013年に国立大学改革プランが出された。特筆すべき事項を3点指摘すると、第一に機能強化による競争力の確保が行われたことである。各大学と文科省でミッションの再定義を行うことで各大学が持つ機能を明確化させ、その強みを基に競争に勝ち抜く国立大学を目指させた。第二に、大学間の連携を打ち出したことが挙げられる。これは、海外大学との連携などによる大学の機能強化や、大学の再編の促進と経営の効率化を意図したものである。前者については、2014年の大学設置基準等の改正により海外大学とのジョイントディグリー（複数大学により開設されたプログラムの修了生に対し、複数大学が共同で単一の学位を授与する制度）が可能になった。後者については、従来一つの国立大学法人が一つの国立大学しか設置できなかったが、2019年の国立大学法人法改正によって一法人複数大学制度が誕生し、2021年3月時点で一つの法人が利用、三つの法人が利用予定となっている[12]。第三に、学長の権限強化が図られたことである。2014年の学校教育法と国立大学法人法改正により、副学長の職務と教授会の役割の明確化、学長選考基準の公表が行われた。

このようなガバナンス強化を求める動きは私立大学にも及んでいる。たとえば、2016年より始まった私立大学研究ブランディング事業では、学長のリーダーシップの下で特色ある研究を基軸とした全学的な独自色を打ち出す取り組みへの支援を行っているし、2020年の私立学校法改正ではその運営母体である学校法人に

(12) 東海国立大学機構（名古屋大学・岐阜大学）が2020年4月より利用しているほか、北海道国立大学機構（小樽商科大学・帯広畜産大学・北見工業大学）、国立大学法人奈良国立大学機構（奈良教育大学・奈良女子大学）が2022年4月より利用することが決定した。静岡国立大学機構（仮称、静岡大学・浜松医科大学）が同制度を利用した2022年度以降の法人統合を目指している（いずれも執筆時点。国立大学協会『国立大学』vol.57、2020年、7～8ページ）。

ついて、役員の職務と責任の明確化、情報公開の充実、中期的な計画の作成等を求めるようになったことからもそれは見て取れる。

さらに国の大学に対するガバナンスという観点からは、予算の選択と集中による国の影響力強化も見て取れる。国立大学について見れば、先の機能強化は運営費交付金の配分にも利用されるようになっている。第3期中期計画期間においては、設定された三つの分類から各大学に選択させ、その中で評価を下すというシステムが採用されている。その運営費交付金自体も減額されており、科研費に代表される競争的資金に置き換えられている。

(3) 高大接続改革

2014年に出された中教審答申「新しい時代にふさわしい高大接続の実現に向けた高等学校教育、大学教育、大学入学者選抜の一体的改革について」を踏まえ、2015年に「高大接続改革実行プラン」が文科省より公表された。同プランでは、高校教育で学力の3要素を育成する、大学入試において学力の3要素を多面的・総合的に評価する、大学教育は高校までで培った力をさらに向上・発展させ社会に送り出す、この三者の一体的改革が目指された。(13) 個別大学の入学試験について、「令和3年度大学入学者選抜実施要項」において、ディプロマ・ポリシーとカリキュラム・ポリシーを踏まえたアドミッション・ポリシーに基づいて、学力の3要素を評

(13) 文部科学省高等教育局大学振興課「大学入試改革の状況について」2020年(https://www.mext.go.jp/content/20200124-mxt_sigsanji-1411620_00002_002.pdf、2021年3月7日確認)。

価する試験とすることが明記された。

また同プランでは、「高等学校基礎学力テスト（仮称）」および「大学入学希望者学力評価テスト（仮称）」の実施が示された。前者については、「高校生のための学びの基礎診断」として2018年度より開始された。義務教育段階の学習の定着と学習意欲の喚起を目的としており、民間業者が作成し文科省が認可したプログラムを各設置者や学校が採用するという形式で行われている。現在は試行段階として英語・数学・国語の3教科のみで行われているが、今後実施教科の拡大や2023年度より大学入試での活用も検討されている。後者については2021年度入試より、大学入試センター試験に代わり大学入試共通テストが導入された。このテストでは学力の3要素を測定することが目指され、英語においては「大学入試英語成績提供システム」による「読む・聞く・話す・書く」という4技能を測定する民間試験の成績の利用や、国語と数学での記述式問題が導入されることとなった。しかしながら、英語の民間試験利用については家庭の経済的な状況や居住する地域による不平等を解消することが現時点で困難であること、記述式問題については採点の精度などの課題を克服できないことから、それぞれ2021年度入試からの導入は見送られた[14]。

入試改革と高校教育改革に並んで掲げられていた大学教育については、先にも挙げたカリキュラム・ポリシー、ディプロマ・ポリシー、アドミッション・ポリシー

(14) 同右。なお、本章執筆時点では今後の利用について結論は出されていないが、文部科学省の大学入試のあり方に関する検討会議は、これらの実現は困難だと提言している。

の三つの方針の策定・公表の義務づけ、認証評価制度の改善などが示された。前者については2018年に学校教育法施行規則が改正された。後者については、三つの方針をすべての認証評価機関が統一的に評価すべき項目とする省令の改正が行われた。

(4) グローバル化への対応

近年の大学改革において、国際化が強く主張されてきたが、その中で行われた政策の一つに、2014年から実施されている「スーパーグローバル大学創成支援事業」が挙げられる。これは、教育再生実行会議第3次提言（2013年）に端を発するものであり、世界トップレベルの大学との交流・連携を実現、加速するための新たな取り組みや学生のグローバル対応力育成のための体制強化など、国際化を進める大学の支援を行う施策であり、世界トップレベルの教育研究を行う大学と日本社会のグローバル化を牽引する大学の2種類があり、それぞれ13大学、24大学が採択されている。

また、2017年の指定国立大学法人制度の創設も国際化に向けた大きな制度改正である。この制度は「日本再興戦略――JAPAN is BACK――」改訂2015において、経営力と自由度の高いグローバルな大学の形成が打ち出されたことから議論が行われ、2017年に国立大学法人法が改正されて創設されたものである。指定大学は世界の有力大学と伍する国際競争力を持てるよう、規制緩和の対象とされる。選定については、各大学からの申請により審査が行われ指定が決定される。その際に「研究力」、「社会との連携」、「国際協働」の三つの領域において、すでに国内最高水準に位置していることを指定の要件としている。制度開始当初7大学からの申請があり、東北大学、東京大学、京都大学の3大学が指定を受けた。２０２１年時点では86の国立大学のうち9大学が指定を受けている。

(5)　地方創生政策との関連

地方創生が国家として目指される中で、大学がその中心的な役割を担うことが期待されている。各大学の強みを活かした機能別分化の促進と地域再生の拠点としての大学の発展を目指して、２０１３年より「地（知）の拠点整備事業（大学ＣＯＣ事業）」が開始された。これを発展させる形で、２０１５年より「地（知）の拠点大学による地方創生推進事業（ＣＯＣ＋）」が開始された。これは地方公共団体や企業等との協働により、学生にとって魅力ある就職先を創出し、その地域が求める人材を養成する教育カリキュラムの改革を断行する大学の取り組みを支援することを目的としたものである。卒業生の当該地域への就職・定着をより意識した事業が行われている。一方で、大都市圏での大学入学定員の適正化や東京23区での大学等における定員増の抑制などの施策も取られており、高等教育政策が地方創生政策と関連づけて行われている側面が見て取れる。

(6) その他の主要政策

本章では紙幅の都合から、すべての政策を取り上げることはできなかったが、科学技術政策と関連した大学院教育の充実政策や留学生政策など、システムや経営から教学、研究に至るまで多岐にわたる改革が行われてきた。その中でも、近年注目されている高等教育の教育費負担軽減策を最後に取り上げる。2015年の第8次提言を基に無利子奨学金の拡充と、学生生活費の支援となる給付型奨学金の給付が2018年より実施された(給付型奨学金は2017年度より先行実施)。2020年度からは、国公立大学と私立大学ごとに上限額を定めた授業料減免と、これまでの制度を拡充した給付型奨学金という二つの制度を統合した「高等教育の修学支援新制度」が実施されている。

(第1節 服部、第2節 松本)

キーワード解説1

コンピテンシー

コンピテンシー（competency）は、簡潔に定義づけると文脈に応じて知識、スキル、態度・価値観を結集させ行為する能力であり、社会的有能性の一種である。元来コンピテンシーは企業社会の人材管理として成功者の特徴を抽出したものであったが、高等教育段階や初等中等教育段階の議論に取り入れられる中でその意味内容が変化してきている。その例として経済協力開発機構（OECD）が示しているコンピテンシー観を挙げることができる。OECDは2015年から開始しているプロジェクトEducation 2030で、予測困難で不確実、複雑で曖昧な時代に向けたコンピテンシーの枠組みを再定義している。Education 2030においては、1997年から2003年にかけて行われたDeSeCoプロジェクトの「キー・コンピテンシー」に立脚しながら、「新たな価値を創造する力」「対立やジレンマを克服する力」「責任ある行動をとる力」という三つのカテゴリーからなる「変革を起こす力のあるコンピテンシー」が想定された。これらは相互に関連し、文脈に応じて発揮されるものである。コンピテンシーは「ラーニング・コンパス（learning compass）」というモデルに位置づけられ、コンピテンシーが目指すべき共通価値として「ウェルビーイング」が提示されている。さらにコンピテンシーは、社会の状況や他者との関わり合いを通して生まれること、さらに変化を起こす上での主体性（=「エージェンシー」）に基づいて発揮されるべきことも強調された。

まとめれば、コンピテンシー概念は教育的な文脈で用いられる中で、当初の要素的な能力観から包括的な能力観へと転換してきたといえる。その上で、流動的な社会におけるニーズに応えるためのコンピテンシーのあり方が問い直されてきているといえるだろう。

（小柳　亜季）

第2章

初等中等学校の教育課程改革

―学習指導要領改訂とその後―

学習指導要領は、時代の変化を踏まえて、およそ10年ごとに改訂される。そのため、学習指導要領は、時代の変化を映す鏡であると言える。本章では、時代の変化が求める日本の教育のあり方を踏まえつつ、学習指導要領の2017・2018年改訂と、それ以降にみられる教育課程改革の動向に注目する。

森本和寿／西岡加名恵

1 2017・2018年改訂学習指導要領の特徴

2020年度の学校基本調査によると、日本には、1万9525の小学校、1万142の中学校、126の義務教育学校、4874の高等学校、56の中等教育学校、1149の特別支援学校がある。これらの学校において、どの地域でも一定の水準の教育を受けられることを保障するために、各教科や教科外活動の目標や大まかな教育内容を定めているものが学習指導要領である。学習指導要領は法律ではないが、学校教育法施行規則における規定に基づき、法的基準性をもつとされており、各学校が教育課程を編成するうえでの基準となっている。学習指導要領の作成主体は文部科学省だが、その作成過程における中央教育審議会（中教審）での議論が大きな意味をもつ。中教審の教育課程部会は、小学校、中学校、高等学校の教師（校長、元教師を含む）や教育行政関係者、PTAの代表者、研究者等で構成されている。本節では、2017・2018年改訂学習指導要領の特徴を概観しよう。

2017・2018年改訂学習指導要領解説は、今の子どもたちやこれから誕生する子どもたちが成人して社会で活躍する頃の日本が「厳しい挑戦の時代」を迎えているであろうという書き出しから始められている。生産年齢人口の減少、グローバル化の進展や絶え間ない技術革新、とくに人工知能（AI）の飛躍的な進化により、社会構造や雇用環境は大きく、また急速に変化しており、予測が困難な時代となっている。

このような時代にあって、学校教育に求められているものもまた、必然的に変化し始めている。2017・2018年改訂学習指導要領の前身である2007・2008年改訂学習指導要領解説の総則編では、⑴教育基本法改正等で明確化された教育の理念を踏まえた「生きる力」の育成、⑵知識・技能の習得と思考力・判断力・表現力等の育成のバランスと授業時数の増加、⑶道徳教育や体育等の充実による豊かな心や健やかな体の育成という3点がポイントとされた。経済協力開発機構（OECD）が実施するPISAの結果が巻き起こした2000年代初頭のPISAショックや学力低下論争の影響から「ゆとり教育」が批判され、「確かな学力」の育成へと舵が切られ、国語、社会、算数、理科、体育の授業時数が10％程度増加されたことや、小学校における「外国語活動」が導入されたことが特徴的であった。

一方、2017・2018年改訂学習指導要領では、子どもたちが様々な変化に積極的に向き合い、他者と協働して課題を解決していくことや、様々な情報を見極めて知識の概念的な理解を実現し情報を再構成して新たな価値につなげていくこと、複雑な状況変化の中で目的を再構築できるようにすることに、より重点が置かれている。このような変化は、先述したAIの飛躍的な進化がもたらした教育や労働に係る言説の影響を大きく受けている。同年改訂学習指導要領解説の総則編では、

「人工知能がどれだけ進化し思考できるようになったとしても、その思考の目的を与えたり、目的のよさ・正しさ・美しさを判断したりできるのは人間の最も大きな強みであるということの再認識につながっている」と述べられ、価値の判断や決定に関する能力を人間固有のものとして教育の対象にすることが企図されている。

本節では、2017・2018年改訂学習指導要領における主たる柱である、(1)「社会に開かれた教育課程」の重視、(2)「資質・能力」の育成、(3)「主体的・対話的で深い学び」による授業改善、(4)「カリキュラム・マネジメント」の4点について検討する。

(1) 改訂の基本理念：「社会に開かれた教育課程」の重視

今回の改訂では、先述したようなグローバル化やAIの急速な発展等に代表される予測困難な社会変化の中にあって、学校教育も変化する社会の一部であるという事実をとらえ直し、教育課程と社会とのつながりをより強く意識することが主張されてきた。「社会に開かれた教育課程」は2017・2018年改訂学習指導要領のキーワードであり、本節後段で紹介する「資質・能力」や「主体的・対話的で深い学び」等を含む今回の指導要領改訂を基礎づける考え方である。

同学習指導要領解説の総則編において、「社会に開かれた教育課程」の実現とは、「それぞれの学校において必要な学習内容をどのように学び、どのような資質・能力を身につけられるようにするのかを教育課程において明確にしながら、社会と連携及び協働してその実現を図っていくこと」であると示されている。このような「社会に開かれた教育課程」を実現するためには、(1)「社会や世界の状況を幅広く視野に入れ、よりよい学校教育を通じてよりよい社会を創るという目標を持ち、教育課程を介してその目標を社会と共有していくこと」、(2)「これからの社会を創り出していく子供たちが、社会や世界に向き合い関わり合い、自分の人生を切り拓いていくために求められる資質・能力とは何かを、教育課程において明確化し育んでいくこと」、(3)「教育課程の実施に当たって、地域の人的・物的資源を活用したり、放課後や土曜日等を活用した社会教育との連携を図ったり、学校教育を学校内に閉じずに、その目指すところを社会と共有・連携しながら実現させること」が必要であると、教育課程企画特別部会が提示した「教育課程企画特別部会 論点整理」において言及されている。

子どもに求められる「資質・能力」観を学校と家庭、地域、社会の間で共有・連携する「社会に開かれた教育課程」の一例として、キャリア教育における学校と地域の協力が挙げられる。児童生徒に将来の生活や社会、職業等との関連を意識させるキャリア教育の実施にあたっては、職場見学や社会人講話等の機会の確保が求められる。学習指導要領解説総則編によると、「社会に開かれた教育課程」の理念のもと、「幅広い地域住民等(キャリア教育や学校との連携をコーディネートする専門人材、高齢者、若者、PTA・青少年団体、企業・NPO等）と目標やビジョンを共有し、連携・協働して児童を育てていくこと」が必要である。このような連携・協力のあり方の一つとして、学校運営協議会（コミュニティ・スクール）や地域学校協働活動を通じて、地域の人的・物的・文化的資源を活用し、地域と学校をつなぐことが考えられる。こうした取り組みによって、郷土史や地場産業、地域の伝統芸能のみならず、地域社会の諸課題等、真正で切実な文脈において地域に密着したテーマを教材化する道がより開かれる。

(2) 何ができるようになるか：「資質・能力」の三つの柱

1980年代以降、とくに1990年代に入ってから、多くの経済先進国では従来の能力観を刷新するという言説のもと、〈新しい能力〉が提起される動きが生じてきた[(1)]。このような〈新しい能力〉概念のほとんどが、北米、EU、オセアニア等の経済先進国で使われてきた概念を翻案したものであり、共通する特徴として、(1)認知的な能力から人格の深部にまで及ぶ人間の全体的な能力を含んでいること、(2)そうした能力を教育目標や評価対象として位置づけていることが挙げられる。

こうした〈新しい能力〉観を志向する世界的な動向に加えて、日本では2000年代初頭にPISAの結果を受けて教育改革の機運が高まり（PISAショック）、既存の学力観、能力観の見直しが図られた。〈新しい能力〉として、初等教育では

(1) 日本における〈新しい能力〉観の詳細については、松下佳代編『〈新しい能力〉は教育を変えるか』ミネルヴァ書房、2010年を参照。

◆図1　育成を目指すべき資質・能力の三つの柱

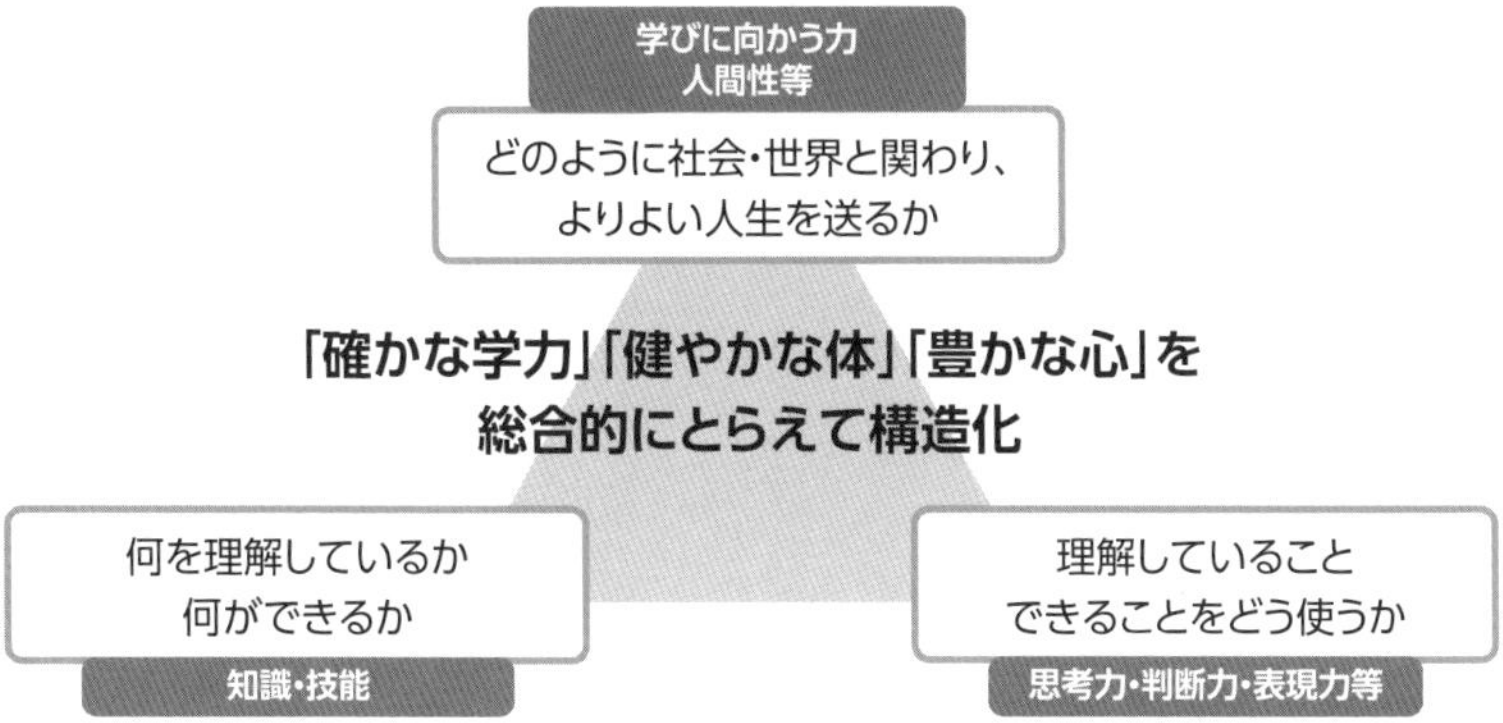

出典：中央教育審議会「幼稚園、小学校、中学校、高等学校及び特別支援学校の学習指導要領等の改善及び必要な方策等について（答申）」(2016年12月21日)。

「生きる力」（文部科学省）、「人間力」（内閣府経済財政諮問会議）、高等教育、職業教育では「就職基礎能力」（厚生労働省）、「社会人基礎能力」（経済産業省）、「学士力」（文部科学省）等が提唱された。このような社会変化を背景とした能力観の刷新に伴って学校への要求も変化し、その教育目標において教科内容知識に加えて、教科固有あるいは教科横断的な知的・社会的能力を明確化する動きが見られるようになった。日本の「学力」概念は長らく、教科内容に即して形成される認知的な能力に限定してとらえられ、その中でもとくに知識・技能の習得に重きが置かれてきた。これに対して、教科等を横断する視野から、また非認知的要素も含めて、学校で育成すべきものの内実を見直そうという動きが生じたのである。

「資質・能力」はこのような潮流の中で提起されたものである。「資質・能力」が教育政策用語として頻繁に用いられるようになったのは、２００６年の教育基本法改正以降である。２００７年の学校教育法改正では、後に「学力の3要素」と呼ばれることになる内容が条文に盛り込まれ、さらに２０１７・２０１８年改訂学習指導要領についての中教審答申では「資質・能力の三つの柱」という形にまとめられた（図1）。この三つの柱に象徴されるように、「資質・能力」は、「知識・技能」のみならず「思考力・表現力等」「学びに向かう態度、人間性等」を含み込むものとなっており、先述の〈新しい能力〉概念と同様、批判的思考力、意思決定、問題解決、自己調整といった認知的スキルのみならず、非認知的な要素（コミュニケーションや協働等の社会的スキル、自律性、協調性、責任感等の人格特性・態度）の育成までもが、その射程となっている。２０１７・２０１８年の学習指導要領改訂では、「知・徳・体にわたる『生きる力』を子供たちに育むために『何のために学ぶのか』という各教科等を学ぶ意義を共有しながら、授業の創意工夫や教科書等の教材の改善を引き出していくことができるようにする」ことを目指して、「知識・技能」、「思考力、判断力、表現力等」、「学びに向かう力、人間性等」の三つの柱に基づいて、すべての教科等の目標と内容が再整理・明確化された。

(3) どのように学ぶか：「主体的・対話的で深い学び」

2017・2018年改訂学習指導要領では「資質・能力」の育成が謳われており、そのための具体的な方法として最初に提起されたのが「アクティブ・ラーニング」であった。「アクティブ・ラーニング」はもともと、ユニバーサル段階（大学進学率が50％を超え、大学進学が大衆化した段階）に入った1980年代の米国高等教育において、「一方向的な講義形式以外の、能動的な学習への参加を取り入れた教授・学習法の総称として使われるようになった言葉」であるが[(2)]、日本ではこれが学習指導要領改訂に向けた諮問（2014年11月）の中で初等中等教育に取り入れられ、大学入試改革を打ち出した「高大接続答申」（2014年12月）においてもキーワードとされた。「知識偏重の受動的な授業」という日本の授業像、授業言説に対抗するものとして提示された「アクティブ・ラーニング」は、賛否両論を呼びながら、一種の「ブーム」と言えるほどの喧騒を巻き起こした。2014年11月から始まった「アクティブ・ラーニング」への熱狂は、2017年3月に提示された学習指導要領において「アクティブ・ラーニング」の文言が消えたことで沈静化した。

この「アクティブ・ラーニング」に代わって、授業改善の方向性を示すフレーズとして打ち出されたのが「主体的・対話的で深い学び」である。2016年12月に

---

(2) 松下佳代「資質・能力とアクティブ・ラーニングを捉え直す」グループ・ディダクティカ編『深い学びを紡ぎだす』勁草書房、2019年、7ページ。

出された中教審答申では、「主体的な学び」「対話的な学び」「深い学び」について、表1のように説明している。

■表1 「主体的・対話的で深い学び」の内容

主体的な学び	学ぶことに興味や関心を持ち、自己のキャリア形成の方向性と関連付けながら、見通しをもって粘り強く取り組み、自己の学習活動を振り返って次につなげる学び
対話的な学び	子供同士の協働、教職員や地域の人との対話、先哲の考え方を手掛かりに考えること等を通じ、自己の考えを広げ深める学び
深い学び	習得・活用・探究という学びの過程の中で、各教科等の特質に応じた「見方・考え方」を働かせながら、知識を相互に関連付けてより深く理解したり、情報を精査して考えを形成したり、問題を見いだして解決策を考えたり、思いや考えを基に創造したりすることに向かう学び

出典：前掲中教審答申49～50ページをもとに筆者作成。

2017・2018年改訂学習指導要領では「主体的・対話的で深い学び」の実現に向けた授業改善の推進が謳われている。「主体的・対話的で深い学び」の実現に向けた授業改善に際しては、深い学びの鍵として「見方・考え方」を働かせることが強調されており、学校現場にも大きな影響を与えている。「見方・考え方」は、「どのような視点で物事を捉え、どのような考え方で思考していくのか」というその教科等ならではの物事をとらえる視点や考え方である。

「見方・考え方」も、先述の「資質・能力」同様、その指し示すところがややわかりにくい行政的な用語ではあるが、具体的な教科の議論に即して見ると実態がつかみやすい。たとえば、中教審に先立って設置された「育成すべき資質・能力を踏まえた教育目標・内容と評価の在り方に関する検討会」が提示した「育成すべき資質・能力を踏まえた教育目標・内容と評価の在り方に関する検討会─論点整理─について」では、「エネルギーとは何か。電気とは何か。どのような性質を持っているのか」が、「教科等の本質に関わる問いに答えるためのものの見方・考え方」の一例として提示されている。(3) この例からもわかるとおり、「見方・考え方」とは、各教科等を学ぶ本質的な意義の中核をなす概念や方法である。

(4) どのように学びをデザインするか：「カリキュラム・マネジメント」

ここまでで述べてきた「社会に開かれた教育課程」、「資質・能力」、「主体的・対話的で深い学び」の実現においては、いずれも既存の教科や学校という枠組みにとどまらず、教科等横断的な学びの必要性や学校と地域、学校と社会を接続することが強調されていた。各学校において教科等の目標や内容を見通し、とくに学習の基盤となる資質・能力（言語能力、情報モラルを含む情報活用能力、問題発見・解決能力等）や現代的な諸課題に対応して求められる資質・能力の育成のためには、教

(3)　この検討会での議論には、委員の一人である西岡加名恵経由で、ウィギンズとマクタイが提唱した「逆向き設計」論の考え方（「本質的な問い」「永続的理解」、パフォーマンス課題等）が影響を与えた（G・ウィギンズ、J・マクタイ著、西岡加名恵訳『理解をもたらすカリキュラム設計――「逆向き設計」の理論と方法』日本標準、2012年）。ただし、その後の中教審での議論の過程や学習指導要領が実際の教育実践として実体化される過程で、各教科の「見方・考え方」の内実は質的に変化してきている。

科等横断的な学習を充実することや、「主体的・対話的で深い学び」の実現に向けた授業改善を単元や題材等内容や時間のまとまりを見通して行うことが求められる。これらの取り組みの実現のためには、学校全体として、児童生徒や学校、地域の実態を適切に把握し、教育内容や時間の配分、必要な人的・物的体制の確保、教育課程の実施状況に基づく改善などを通して、教育活動の質を向上させ、学習の効果の最大化を図ることが求められる。

このような問題意識のもと、2017・2018年改訂学習指導要領では、「カリキュラム・マネジメント」の推進が主要な柱の一つとして提起されている。この学習指導要領では「カリキュラム・マネジメント」について、⑴「児童や学校、地域の実態を適切に把握し、教育の目的や目標の実現に必要な教育の内容等を教科等横断的な視点で組み立てていくこと」、⑵「教育課程の実施状況を評価してその改善を図っていくこと」、⑶「教育課程の実施に必要な人的又は物的な体制を確保するとともにその改善を図っていくことなどを通して、教育課程に基づき組織的かつ計画的に各学校の教育活動の質の向上を図っていくこと」と定義されている。従来の日本のカリキュラム・マネジメントが⑵に偏していたことに鑑みて、2017・2018年改訂学習指導要領において、「社会に開かれた教育課程」に基づいてこれからの社会で必要とされる教科等横断的な「資質・能力」育成の観点から⑴の重要性が強調され、「コミュニティ・スクール」や「地域学校協働活動」の拡大・推

進等との関連から(3)の重要性が強調された点は意義深い。(4)

2 学習指導要領改訂後の最新動向：「令和の日本型学校教育」の模索

次に、学習指導要領改訂後に進展している最新の改革動向に注目しよう。2017・2018年改訂学習指導要領の全面実施に向けた動きが進められるのと並行して、教師の過剰労働の軽減を目指す「学校における働き方改革」（第10章参照）、ならびに学校におけるICT活用を推進する「GIGAスクール構想」（第3章参照）という二つの取り組みが進展している。また、とくに高等学校教育に関しては、首相官邸におかれた教育再生実行会議の第11次提言で高等学校改革に焦点があわされたことからもわかるように、さらなる改革が推進されている。

こういった動向も踏まえつつ、文部科学省中教審初等中等教育分科会では、2019年6月より「新しい時代の初等中等教育の在り方特別部会」（以下、特別部会）において、これからの時代に求められる「日本型学校教育」像をさぐる議論が行われた。とくに、高等学校教育に関しては、「新しい時代の高等学校教育の在り方ワーキンググループ」（以下、ワーキンググループ）が設置され、議論が深められた。特別部会での議論を踏まえた中教審答申「『令和の日本型学校教育』の構築を目

(4) 山崎雄介「教育課程の中でのカリキュラム・マネジメント」グループ・ディダクティカ編『深い学びを紡ぎだす』勁草書房、2019年、197ページ。

指して」（2021年1月）では、日本の学校が学習指導のみならず生徒指導の側面でも主要な役割を担ってきたことが高く評価されている。また、新型コロナウイルス感染症（COVID-19）の影響による臨時休校措置によって、学校には、「学習機会と学力を保障するという役割のみならず、全人的な発達・成長を保障する役割や、人と安全・安心につながることができる居場所・セーフティネットとして身体的、精神的な健康を保障するという福祉的な役割をも担っていることが再認識された」と述べられている。

その上で、2017・2018年改訂学習指導要領の実施や働き方改革、GIGAスクール構想の実現といった動きを加速・充実させるために、「全ての子供たちの可能性を引き出す、個別最適な学びと、協働的な学び」の実現を目指すとされている。「個別最適な学び」とは、「指導の個別化」と「学習の個性化」から構成されるものとされており、これは従来から推進されてきた「個に応じた指導」を学習者の視点から整理したものだとされている。

「指導の個別化」は、「教師が支援の必要な子供により重点的指導を行うことなどで効果的な指導を実現することや、子供一人一人の特性や学習進度，学習到達度等に応じ、指導方法・教材や学習時間等の柔軟な提供・設定を行うことなど」を意味しており、「個々人の学習の状況や成果を重視する修得主義の考え方」を生かすものとして位置づけられている。また、「学習の個性化」は、「探究において課題の設定、情報の収集、整理・分析、まとめ・表現を行う等、教師が子供一人一人に応じた学習活動や学習課題に取り組む機会を提供することで、子供自身が学習が最適となるよう調整する」ことを指す。「児童生徒の興味・関心等を生かした探究的な学習等」を充実させ、「一定の期間の中で多様な成長を許容する履修主義の考え方」を生かすものとして位置づけられている。

一方で、「個別最適な学び」が「孤立した学び」に陥らないように、「協働的な学び」を充実することも重要だとされている。これは、子ども同士や多様な他者との協働により、「異なる考え方が組み合わさり、よりよい学びを生み出していくようにする」ことを目指すものである。これにより、「児童生徒の個性を生かしながら社会性を育む」ことが目指されている。

以上を踏まえ、今後目指す改革の方向性としては、次の6点が挙げられている。すなわち、(1)学校教育の質と多様性、包摂性を高め、教育の機会均等を実現する、(2)連携・分担による学校マネジメントを実現する、(3)これまでの実践とＩＣＴとの最適な組合せを実現する、(4)履修主義・修得主義等を適切に組み合わせる、(5)感染症や災害の発生等を乗り越えて学びを保障する、(6)社会構造の変化の中で、持続的で魅力ある学校教育を実現する、である。

答申では、この後、幼児教育、義務教育（小・中学校教育）、高等学校教育等、特別支援教育、外国人児童生徒等への教育、ＩＣＴを活用した学び、環境整備、人口動態等を踏まえた学校運営や学校施設、教師および教員組織のあり方についての各論が続いている。ここでは、ワーキンググループでの議論も踏まえて打ち出されている高等学校教育改革に注目しておこう。

日本の高等学校は、義務教育ではないものの、進学率が約99％に達している。そのため、多様な背景をもつ生徒が在籍している半面、学校生活への満足度や学習意欲は中学校段階に比べて低い。このような状況を打開するため、答申では、スクール・ミッションの再定義、ならびに「育成を目指す資質・能力」・「教育課程の編成及び実施」・「入学者の受け入れ」に関するスクール・ポリシーの策定を求めている。また、「『普通教育を主とする学科』の弾力化・大綱化（普通科改革）」、「産業界と一体となって地域産業界を支える革新的職業人材の育成（専門学科改革）」、「新しい時代にこそ求められる総合学科における学びの推進」が打ち出されている。一方で、定時制・通信制課程については、「多様な学習ニーズへの対応と質保証」の必要性が指摘されている。

答申は、これまでの日本の学校教育がもっていた良い点を引き継ぎつつ、新型コロナウイルス感染拡大という危機的状況、およびそれ以前から日本社会が直面している様々な課題（グローバル化、ＩＣＴ化、少子高齢化、格差の拡大など）に対応する学校教育を模索するものである。「学校教育の質と多様性、包摂性を高め、教育の機会均等を実現する」という理念は、まさしく現在の日本の学校に必要な改革方針を打ち出したものと言えるだろう。

ただし、「個別最適な学び」については、学習の個別化、ひいては子どもたちの間にすでに存在している格差をさらに拡大する危惧も否めない。また、普通科改革で高等学校教育の多様化がさらに進展することにより、高等学校の階層化、ひいては社会的評価の低い高等学校に通う生徒たちのスティグマ（劣等感）が深刻化する懸念もある。真に包摂性を高めた機会均等につなげるための条件を、より明確にしていくことが必要である。

また、ＩＣＴ活用が推進される中で、公教育費の使い方についても注視していく必要がある。日本においては、子どもの貧困率が13・5％[5]に上り、コロナ禍の影響でますます深刻化することが予想される。一方で、ＯＥＣＤによる２０１７年調査[6]によれば、日本の教育への公的支出は38か国中37位にとどまっている。ＩＣＴ化の推進によって、公教育費がさらにＩＣＴ関連企業へ流出する懸念もある。とくに中山間地域や離島では少子高齢化・人口減少が急速に進んでいる。「教育環境の向上とコストの最適化を図る」という方針のもとで学校統廃合が進む場合、地域の活力がさらに失われる危惧もあることを指摘しておきたい。

（第1節　森本、第2節　西岡）

---

(5)　厚生労働省「２０１９年　国民生活基礎調査の概況」参照。

(6)　OECD, *Education at a Glance 2020*. 2020.

キーワード解説２

PISA（生徒の学習到達度調査）

PISA (Programme for International Student Assessment) とは、経済協力開発機構（OECD）によって、2000年から３年ごとに実施されている国際的な学習到達度調査である。2018年実施時は79か国が参加した。PISAはOECDが定めるキー・コンピテンシーの中でもとくに「道具を相互作用的に用いる」能力を評価するものとされており、「読解リテラシー」「数学的リテラシー」「科学的リテラシー」の３分野が測られている。加えて「問題解決能力」や「協調的問題解決能力」の調査を行う実施年もある。PISAでは、学力調査に加えて生徒の学習環境などに関する質問紙調査も行われる。2015年以降は、CBT(Computer Based Testing)方式で実施されている。

PISAが日本の教育改革に与えた影響は主に以下の３点にまとめることができる。１点目はPISA2003での順位の低下から生じた「PISAショック」を受けての政策的転換である。1998・1999年の学習指導要領改訂で示された「ゆとり教育」路線の中で学力低下論争が展開されていたが、2004年のPISAショックによって正式に学力向上の方向へ政策の舵が切られている。2点目は目標観への影響である。2007年学校教育法改正において「思考力、判断力、表現力その他の能力」が目標として提示された上で、そのための学習活動として2008・2009年学習指導要領で「活用」や「探究」に重点が置かれたことにもPISAリテラシーからの影響が見られる。３点目としてアウトカムの検証を重視する方針への影響が挙げられる。具体的には2007年度から実施されている全国学力・学習状況調査を挙げることができる。

（小栁　亜季）

第3章

ITリテラシーとプログラミング教育

久富望／楠見孝

本章では2010年代の教育のデジタル化（日本では「教育の情報化」と言われる）について、動向と背景の後、環境整備計画や実証研究などを概観し、用語「情報活用能力」を取り上げる。最後に、小学校におけるプログラミング教育について、現場への調査・分析を紹介する。

1 教育の情報化の動向と背景：情報活用能力の格上げと危機感

前回の学習指導要領の改訂（2008年告示）以降、2020年度までの教育の情報化の概要は、「子どもたち1人1台の情報端末と学習者用デジタル教科書等で学ぶ」[(1)]未来像が提示され、多方面からの実証実験を経て、理念としては学習指導要領の改訂（2017年告示）によって、整備計画としてはGIGAスクール構想[(2)]によって道筋が立てられ、新型コロナウイルス感染症（COVID-19）の影響により2020年度に急速に整備された、と簡潔にまとめられるであろう。

この変化によって、情報活用能力（ひとまずITリテラシーと考えてよい、詳しくは本章第3節）は、言語能力や問題発見・解決能力と並ぶ、学習の基盤となる資質・能力として位置づけられた[(3)]。GIGAスクール構想は、学習の基盤となった情報活用能力を育むための情報通信環境の必要性[(4)]に対する、国からの強力な支援とみなすことができる。これらの施策は、ITリテラシーの育成を重視する世界的な潮流の中に位置づけることが可能であり（本章第3節(2)）、日本の初等中等教育を情報化時代に適合させようという決意とも考えられる。しかし、日本の学校における情報通信環境の極端な遅れへの強い危機感の表れとも考えられる。

---

(1) 文部科学省『教育の情報化ビジョン』、2011、12ページ。

(2) 2019年12月、本章第2節(5)参照。

(3) 学習指導要領（2017年告示）総則第2款2(1)。

(4) 注(3)、総則第3款1。

◆図1　学校外での、学習面・学習外におけるICT利用の国際比較

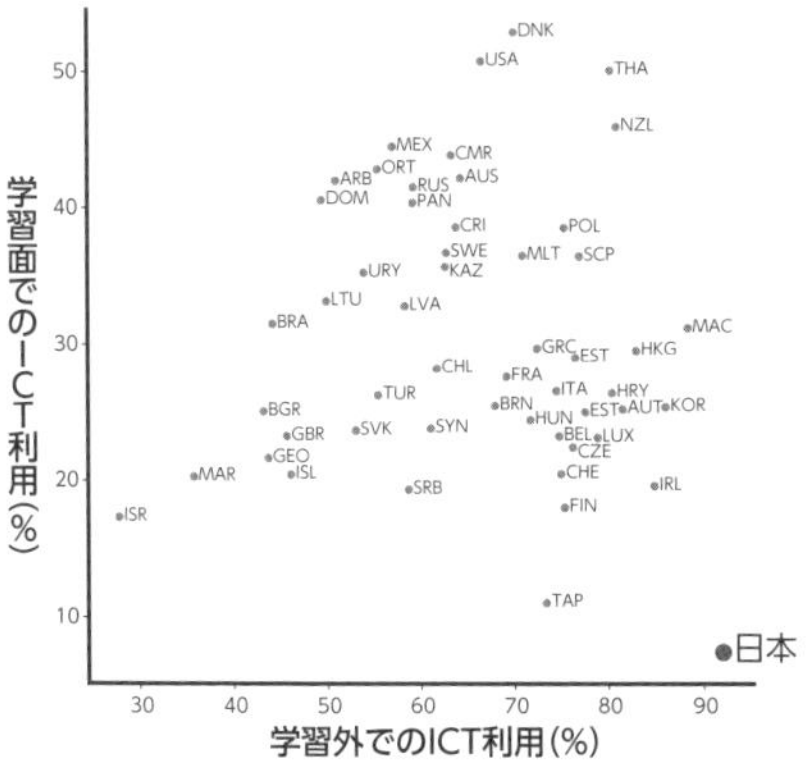

学習面での利用（縦軸）：「学校の勉強のために、インターネット上のサイトを見る（例：作文や発表の準備）」「コンピュータを使って宿題をする」いずれかに「ほぼ毎日」「毎日」と答えた15歳児の割合

学習外での利用（横軸）：「ネット上でチャットをする」「1人用ゲームで遊ぶ」のいずれかに「ほぼ毎日」「毎日」と答えた15歳児の割合

日本以外の国・地域（一部は部分参加）はローマ字3字で表示。

出典：久富望「教育に関するデータの利活用の全体像と未来」ホーン川嶋瑤子編『グローバル化、デジタル化で教育、社会は変わる』東信堂、2021年。

GIGAスクール構想の背景として、(1)脆弱かつ地域格差の大きい学校のICT環境整備状況、(2)OECD[(5)]加盟国中で最下位の学校内ICT利活用、(3)学習面ではOECD平均以下・学習外ではOECD平均以上の学校外ICT使用、の3点を文部科学省は挙げている。[(6)]とくに、(3)に関して元データを見ると、学習面ではOECD最下位・学習外ではOECD最上位と言うべきであろう（図1）。

加えて、日本におけるITを担う人材の絶対的な不足も深刻である。急速な高齢化の進行により、日本の労働人口の急速な減少は以前から認識されてきた。しかし、「ビッグデータ」「IoT」「人工知能」を担う

(5)　経済協力開発機構。

(6)　文部科学省『GIGAスクール構想の実現について』。

先端ＩＴ人材の不足はとくに深刻である。２０１９年の『ＩＴ人材需給に関する調査』(7)によると、２０１８年の段階でＩＴ人材は約22万人不足しているが、２０３０年には約44・９万人の先端ＩＴ人材の不足が予想されるという。日本における２０１９年の出生数が86・４万人であることを考えると、非常に大きな数字と言わざるをえない。(8)

2　２０１０年代における教育の情報化の足取り

(1)　教育の情報化に向けたビジョン

教育基本法改正（２００６年）によって教育振興基本計画は国会への報告と公表が義務づけられ、(9)初めて定められた２００８年において「学校の情報化の充実」に関する施策が示され、第２期（２０１３年）、第３期（２０１８年）と引き継がれている。

２００８年の教育振興基本計画における児童生徒のＩＴリテラシーについての記載は「児童生徒の発達段階に応じた情報活用能力の育成に加え、情報モラル教育の充実を促す」（21ページ）程度であった。この状況を大きく変えたのは、児童生徒が１人１台の端末を持って授業を受ける未来像を明確に示した、総務省『原口ビジ

(7)　みずほ情報総研株式会社による（経済産業省委託事業）。

(8)　ＩＴ産業の需要増加が中位シナリオであり、情報通信業の生産性上昇率が２０１０年代と同水準となり、ＩＴ人材が「ビッグデータ」「ＩｏＴ」「人工知能」を学んで先端ＩＴ人材へ移行する割合が２０１８年当時のままであった場合。

(9)　『教育基本法』第17条1。

ョン』(2009、2010年)、文部科学省『教育の情報化ビジョン～21世紀にふさわしい学びと学校の創造を目指して～』(2011年)であり、iPadの発売(2010年)に代表されるタブレット型情報端末の普及であろう。『教育の情報化ビジョン』においては、教育の情報化に関する重要な点が提示されているが、ここではそのうち3点を指摘したい。

・学びの形態の変化を提示した。具体的には、「一斉指導による学び(一斉学習)」に加え、情報通信技術の活用による「子どもたち一人一人の能力や特性に応じた学び(個別学習)」や「子どもたち同士が教え合い学び合う協働的な学び(協働学習)」の推進を目指すことが提示された。
・教育の情報化は「情報教育(子どもたちの情報活用能力の育成)」「教科指導における情報通信技術の活用」「校務の情報化」の3点を通して教育の質の向上を目指すこと、と明示した。
・デジタル教科書を定義するとともに、教員用・学習者用に大別して明示した。

(2) 教育の情報化に向けたICT環境整備の遅れ

一方、2008年の教育振興基本計画におけるICT環境の整備目標(校内LAN整備率100%、教育用コンピュータ1台当たり児童生徒数3・6人、超高速インターネット接続率100%、教員1人1台の校務用コンピュータ整備など)は、

2019年度末においても十分に達成されていなかった。たとえば、2019年度末の教育用コンピュータ1台当たりの児童生徒数は4・9人であった。[10]

その原因の一つとしてしばしば挙げられるのが、ICT環境整備のための経費が地方財政措置によって講じられていることである。[11] 日本においては「学校の設置者は、その設置する学校を管理し、法令に特別の定のある場合を除いては、その学校の経費を負担する」（学校教育法第5条）という、いわゆる設置者負担主義が原則である。このため、日本の公立学校（小中学校では90％超、高等学校では70％超）におけるICT環境の整備の責任主体は地方公共団体であり、原則、地方財政措置によってICT環境の整備が進められる。コンピュータ教室までは配備されても、普通教室への配備は進まないのが多くの地方公共団体の現状であった。もっとも、教育用コンピュータ1台当たり児童生徒数3・6人の目標では、普通教室も含めた全面的なICT環境の整備が困難であったことも事実である。

(3) 教育の情報化に関する実証研究・調査研究

児童生徒が1人1台の端末を持って授業を受ける未来像を模索する事業は、約10年間、継続して実施されてきた。その端緒となった総務省『フューチャースクール推進事業』（2010‐13年度）と文部科学省『学びのイノベーション事業』（2011‐13年度）では、1人1台の情報端末や電子黒板、無線LAN等が整備された

(10) 文部科学省『令和元年度学校における教育の情報化の実態等に関する調査結果』

(11) 開沼太郎「第12章 教育の情報化政策と学校経営」高見茂・服部憲児編『教育経営（教職教養講座 第14巻）』協同出版、2017年、181～204ページ。

環境における、デジタル教科書・教材を活用した教育の効果・影響の検証、指導方法の開発や、モデルコンテンツの開発等が、実証校である小学校10校、中学校8校、特別支援学校2校において実施された。『先導的な教育体制構築事業』（２０１４－16年度）では、持ち帰り学習を含めた学校間の連携や学校と家庭の連携等が模索され、『次世代の教育情報化推進事業（情報教育の推進等に関する調査研究）』（２０１６－２０１９年度）においては、主体的・対話的で深い学びのためのＩＣＴ活用、情報活用能力の体系整理（本章第3節(1)）や、教科を越えた授業事例の報告などが行われた。

また、教員のＩＣＴ活用指導力も教育の情報化に関する基盤整備の一つとして位置づけられ、『教育ＩＣＴ活用実践事例』（２０１０－12年度）、『ＩＣＴ活用ステップアップ映像集』、『21世紀を生き抜く児童生徒の情報活用能力育成のために』、『授業がもっとよくなる電子黒板活用』（２０１４年度）、『ＩＣＴ活用指導力向上研修実施モデル』『ＩＣＴを活用した教育推進自治体応援事業（ＩＣＴを活用した学びの推進プロジェクト）』（２０１６年度）など、毎年のように、事業実施・事例報告の更新がされてきた。(12)

一方で、『人口減少社会におけるＩＣＴの活用による教育の質の維持向上に係る実証事業』（２０１５－17年度）のような事業も、教育の情報化に関連して行われてきた。たとえば、遠隔教育には、十分な教員の数の確保が難しい過疎地や僻地に

(12) 文部科学省ＨＰ内の『教員のＩＣＴ活用指導力の向上』においてまとめられている。

おける教育の質の維持向上に必要不可欠な側面もある。この事業は、遠隔地間に限定しない形で『遠隔教育システム導入実証研究事業』(2018-19年度)へと引き継がれ、『新時代の学びにおける先端技術導入実証研究事業』(2019年度-)へとつながっている。残念ながら、COVID-19の感染拡大において多くの大学で実施されたようなオンライン授業の形態までは想定されていなかったが、必要な技術・運用・環境に関する情報は、これらの事業を通じてかなり蓄積されていた。

(4) 数理・データサイエンスのための教育

一方、高等教育に目を移せば、2010年代後半以降、人工知能(AI)の急速な社会への浸透に伴い、数理・データサイエンス人材育成のための教育が注目を集めるようになっている。もっとも、2010年の『大学における実践的な技術者教育のあり方に関する協力者会議』では、数理・データサイエンス教育につながりうる点がすでに提示されていた。すなわち、未来の技術者に必要な能力の一つとして、「情報・論理・計算(アルゴリズム、シミュレーション等)」や「情報通信技術(ICT)を用いて、多様な情報を収集・分析して適正に判断し、モラルに則って効果的に活用」といった、「情報リテラシー」が取り上げられていた。

2010年代後半になると、経済産業省・文部科学省による『理工系人材育成に関する産学官円卓会議』(2015-16年)、『理数系人材の産業界での活躍に向けた意見交換会』(2018-19年)において議論されるようになる。また、文部科学省による『JABEE[13]の技術者教育認定に関する検討委員会』(2016-17年)、『大学における工学系教育の在り方に関する検討委員会』(2017年)、『工学系教育改革制度設計等に関する懇談会』(2017-18年)といった工学・技術者養成の観点に加え、『数理及びデータサイエンス教育の強化に関する懇談会』(2016年)、『大学の数理・データサイエンス教育強化方策推進検討委員会』による大学間の連携(2019年〜)等において、データサイエンスを担う人材をいかにして育てるか、という問題が議論されている。その結果、2016年に数理及びデータサイエンスに係る教育強化の拠点校として6大学(北海道大学、東京大学、滋賀大学、京都大学、大阪大学、九州大学)が、また、2019年度からは協力校として新たに20大学が選定され、全国への普及・展開が図られている。

また、内閣府の有識者会議による『AI戦略2019』においては、毎年、社会人100万人が基本的な情報知識とデータサイエンス・AI等の実践的活用スキルを、すべての大学・高専生約50万人が初級レベルの数理・データサイエンス・AIを、一定規模の大学・高専生約25万人が自らの専門分野への数理・データサイエンス・AIの応用基礎力を習得することを、2025年の目標として掲げている。小中学校におけるプログラミング教育(本章第4節)はこの目標の一環と考えられる。

---

(13) JABEEは、一般社団法人日本技術者教育認定機構(Japan Accreditation Board for Engineering Education)の略称である。

(5) GIGAスクール構想（2019年末から）

日本全国のすべての小中学校に1人1台端末と高速大容量の通信ネットワークを一体的に整備する施策が、GIGAスクール構想である。(14) この構想は従来の地方財政措置（本章第2節(2)）と異なり国庫補助によって賄われ、『教育のICT化に向けた環境整備5か年計画』に伴う3クラスに1クラス分の端末以外について、概ね上限4・5万円の補助を行うことで1人1台を実現し、校内通信ネットワークについては概ね半額を補助される。この構想は当初は4年間で実施される計画であったが、COVID−19の感染拡大に伴う休校措置などを通じて教育現場の情報化の遅れが明確になったため、1年間で実施されることになった。

この構想は「多様な子供たちを誰一人取り残すことなく、公正に個別最適化され、資質・能力が一層確実に育成できる教育環境を実現すること」を目指しており、文部科学省だけでなく、内閣官房IT総合戦略室、総務省、経済産業省とも連携して様々な施策が行われている。総務省は光ファイバ整備に係る補助事業（高度無線環境整備推進事業）として5G等の高速・大容量無線通信を見据えた環境整備を、経済産業省はEdTech導入補助金によって学校現場における教育ソフトウェアの導入を補助している。これらの整備計画は高等学校まで広げられる予定である。(15) また、費用負担なく活用できるICT活用教育アドバイザーの体制や、活用事例を整備し

---

(14) GIGA＝Global and Innovation Gateway for All

(15) 令和2年度文部科学省第3次補正予算において、高等学校段階への拡充に関する予算が成立している（https://www.mext.go.jp/a_menu/yosan/r01/1420672.htm、2021年7月19日確認）。

たホームページStuDX Styleなど、大規模な学校環境の変化を助ける取り組みも整備されている。

こうして、2010年頃に構想された児童生徒1人1台環境は日本の初等中等教育に浸透し、学校教育における情報活用能力の育成は、2020年以降、新たな次元を迎える。

3 情報活用能力

(1) 情報活用能力とは

情報教育が本格的に検討されるようになった1980年代後半以降、情報活用能力の定義や中身は、時代とともに変化し、まとめ直されてきた。今日の情報教育の基本的な考え方になっているのは、「情報及び情報手段を主体的に選択し活用していくための個人の基礎的な資質（情報活用能力）」を、読み、書き、算盤に並ぶ基礎・基本と位置づけた『臨時教育審議会第二次答申』（1986年4月）である。その後、学習指導要領の改訂に合わせて10年ごとに検討されてきた。[16]

学習指導要領（2017年告示）においては「情報活用能力は、世の中の様々な事象を情報とその結びつきとして捉え、情報及び情報技術を適切かつ効果的に活用

(16) 文部科学省『次世代の教育情報化推進事業「情報教育の推進等に関する調査研究」』、8～11ページ。

して、問題を発見・解決したり自分の考えを形成したりしていくために必要な資質・能力」とされ、資質・能力の三つの柱に沿って情報活用能力について整理されている。[17] この整理は、学習指導要領に先立つ中央教育審議会答申『幼稚園、小学校、中学校、高等学校及び特別支援学校の学習指導要領等の改善及び必要な方策等について』（2016年12月）による。この答申において、各教科等において育むことを目指す他の資質・能力とも同様に、情報活用能力を「知識及び技能」「思考力、判断力、表現力等」「学びに向かう力、人間性等」の三つの柱によって次のようにとらえることが提言された。[18]

・（知識・技能）情報と情報技術を活用した問題の発見・解決等の方法や、情報化の進展が社会の中で果たす役割や影響、情報に関する法・制度やマナー、個人が果たす役割や責任等について、情報の科学的な理解に裏打ちされた形で理解し、情報と情報技術を適切に活用するために必要な技能を身に付けていること。

・（思考力・判断力・表現力等）様々な事象を情報とその結びつきの視点から捉え、複数の情報を結びつけて新たな意味を見出す力や、問題の発見・解決等に向けて情報技術を適切かつ効果的に活用する力を身に付けていること。

・（学びに向かう力・人間性等）情報や情報技術を適切かつ効果的に活用して情報社会に主体的に参画し、その発展に寄与しようとする態度等を身に付けていること。

---

(17) 学習指導要領（2017年告示）解説「総則編」より

(18) 別紙3-1『情報活用能力を構成する資質・能力』より

この内容を具体的にとらえていく試みの一つが情報活用能力の要素（図2）であり、同じ資料においてより細かく、ステップ1（小学校1、2年段階）からステップ5（高校生段階）までがまとめられた『情報活用能力の体系表例』である。

◆図2 IE-Schoolにおける実証研究を踏まえた情報活用能力の要素の例示

A. 知識及び技能	1 情報と情報技術を適切に活用するための知識と技能	①情報技術に関する技能 ②情報と情報技術の特性の理解 ③記号の組み合わせ方の理解
	2 問題解決・探究における情報活用の方法の理解	①情報収集、整理、分析、表現、発信の理解 ②情報活用の計画や改善のための理論や方法の理解
	3 情報モラル・情報セキュリティなどについての理解	①情報技術の役割・影響の理解 ②情報モラル・情報セキュリティの理解
B. 思考力、解析力、表現力等	1 問題解決・探究における情報を活用する力（プログラミング的思考・情報モラル・情報セキュリティを含む）	事象を情報と結び付きの視点から捉え、情報及び情報技術を適切かつ効果的に活用し、問題を発見・解決し、自分の考えを形成していく力 ①必要な情報を収集、整理、分析、表現する力 ②新たな意味や価値を創造する力 ③受け手の状況を踏まえて発信する力 ④自らの情報活用を評価・改善する力 等
C. 学びに向かう力、人間性等	1 問題解決・探究における情報活用の態度	①多角的に情報を検討しようとする態度 ②試行錯誤し、計画や改善使用とする態度
	2 情報モラル・情報セキュリティなどについての態度	①責任をもって適切に情報を扱おうとする態度 ②情報社会に参画しようとする態度

出典：『次世代の教育情報化推進事業「情報教育の推進等に関する調査研究」』、12ページ。

(2) 21世紀に求められるリテラシーの海外における議論の影響

さて、情報活用能力とITリテラシーはどのような関係にあるだろうか。リテラシーという言葉の概念は、狭義には母語の読み書き(識字)能力、すなわち、文字メディアによるコミュニケーション能力であり、教育によって獲得され、学習、生活、職業などの文化的行為を支える基礎スキルである。近年、狭義のリテラシーが日常生活や職業の中で機能するためには、母語の読み書き能力に加えて、マスメディアの性質や技法を理解した上で読み解くメディアリテラシーも必要となった。さらに、情報の媒体(メディア)に関わるテクノロジーの進歩によって、市民はマスメディア以外の情報を利用するための新しいリテラシー(new literacies)を身につけることが必要になっている。[19]

ITリテラシーは、新しいリテラシーの一部と考えられるが、操作的リテラシー(operational literacy)が強調されがちである。しかし、操作能力だけでなく、情報を分析・評価して行動するといった活用能力や、その基礎となる批判的思考こそが重要である。

情報活用能力は、言語能力、問題発見・解決能力と並ぶ学習の基盤となる資質・能力の一つとして位置づけられ(本章第1節)、操作的リテラシーよりずっと幅広

(19) たとえば、Palincsar Sullivan Annemarie , Ladewski G. Barbara. " Literacy and the Learning Sciences." , The Cambridge Handbook of the Learning Sciences. 編 Sawyer Keith EditorR. Cambridge University Press, 2005, pp.299-314 。

いリテラシーを含んでいる（図2）。そもそも、学習指導要領における資質・能力という概念は、従来の「学力」という言葉がとらえきれない内容をとらえようとする2000年代初め頃からの取り組みの中で生まれた汎用能力を指す。[20] 世界的には、OECDやEUを中心とする「キー・コンピテンシー（Key Competency）」（DoSeCo）と、アメリカにおけるPartnership for 21st Century Skills（アメリカ）や国際研究プロジェクトACT21S（Assessment and Teaching of 21st Century Skills）による「21世紀型スキル」の二つの流れがあり、[21] 後者には「ICTリテラシー」という項目も見られる（図3）。『教育の情報化ビジョン』（本章第2節(1)）においてもキー・コンピテンシーも21世紀型スキルも参照されていた。

---

(20) 西岡加名恵『教科と総合学習のカリキュラム設計：パフォーマンス評価をどう活かすか』図書文化社、2016年。

(21) 松尾知明『21世紀型スキルとは何か：コンピテンシーに基づく教育改革の国際比較』明石書店、2015年。

◆図3　21世紀の教育のための汎用能力の枠組みの比較

スキルの種類	OECD（DeSeCo）キー・コンピテンシー（2003）	ACT21S 21世紀スキル（2010）	国立教育政策研究所 21世紀型能力（2013）
認知スキル テクニカルスキル	道具 （言語シンボル テキスト知識と 情報テクノロジー等 の相互作用 （リテラシー））	思考の方法 批判的思考 問題解決 意思決定 創造性 学習方略 メタ認知	基本力 言語スキル 数量スキル 情報スキル 思考力 問題解決・発見 論理的・批判的・ 創造的思考 メタ認知・ 学び方の学び 実践力 人間関係形成 社会参画 持続可能な社会づくり 自律的活動
		仕事のツール 情報リテラシー ＩＣＴリテラシー	
非認知スキル 人間関係スキル 自己管理スキル	人間関係形成	仕事の方法 コミュニケーション チームワーク	
	自律的行動	世界の中で生きる方法 コラボレーション 市民性 人生設計と実行…	

出典：楠見孝「学力と汎用的能力の育成」楠見孝編『教育心理学（教職教養講座　第8巻）』協同出版、2018年。

(3)　教員のITリテラシー（ICT活用指導力）

ＩＣＴを活用した教師の指導力向上のための資料は毎年のように公開されていた

ものの（本章第2節(2)）、教育現場にあまり知られていないのが実情である。教員のICT活用指導力の状況は、教員の自己評価により毎年調査されているが、「ややできる」以上だと答える教員が、基本的な操作は8割超、生徒への指導などについては6割超にとどまっているのが現状である。(22)

また、このような学校の状況を支えるために、『地方自治体の教育の情報化推進事例ICT活用教育アドバイザー派遣』（2015年度-）のような事業が行われるだけでなく、ICT支援員によるサポートも進められている。しかし、2017年現在、ICT支援員は2000人程度しかおらず、(23)2022年度末の目標も4校に1人の配置（国公立3万4000人に対して8500人）にとどまっている。(24)

4 小学校プログラミング教育

(1) 小学校プログラミング教育の手引

プログラミング教育の小学校での導入（2020年）と中学校での内容の拡充（2021年）に向け、新学習指導要領の告示とともに『小学校プログラミング教育の手引』が作成されている。『手引き』では、なぜ小学校にプログラミング教育を導入するのかに始まり、その経緯、小学校プログラミング教育で育む力としての

(22) 文部科学省『令和元年度学校における教育の情報化の実態等に関する調査結果』より。

(23) 文部科学省『ICT支援員の育成・確保のための調査研究事業』、9ページ。

(24) 文部科学省『教育のICT化に向けた環境整備5か年計画（2018-2022年度）』。

資質・能力、プログラミング的思考と情報活用能力、その評価法について述べている。さらに、教育課程内における指導例（算数、社会、音楽、総合的な学習の時間など）を解説している。とくに、『手引き』第三版では、総合的な学習の時間において、「プログラミングが社会でどう活用されているか」に焦点をあてて、企業と連携しながら行う指導例（例：自動車、住宅、インターネット関連企業）が追加され、プログラミングを体験する際、「探究的な学習の過程に適切に位置付くようにする」点が強調されている。また、プログラミング教育に必要なＩＣＴ環境・教材整備、研修の留意事項等について説明が加わっている。

(2) 現場への調査・分析の結果

小学校へのプログラミング教育の導入にあたっては、教員がプログラミングのスキルや知識を持たないことによる不安や、そのプログラミング教育の意義が浸透していないこと、教材やＩＣＴ関連設備が整っていないことなどの複数の問題があった。

黒田・森山は、『小学校プログラミング教育の手引』公表前の２０１６年８～９月に情報教育担当の小学校教員を対象に調査を行い、プログラミング教育についての意義の感じ方や学校での取り組みが不十分な実態を明らかにしている。[25] また、齊藤ほかは、２０１６－２０１７年に、小学校教員に対してプログラミング教育の教

(25) 黒田昌克、森山潤「小学校段階におけるプログラミング教育の実践に向けた教員の課題意識と研修ニーズとの関連性」『日本教育工学会論文誌』41、2018年、169～172ページ。

(26) 齊藤貴浩、栗山直子、森秀樹、森田裕介、西原明法、前川眞一「プログラミング教育

材を提供し、彼らが授業実施を体験することによって教員のプログラミング教育への肯定的態度が向上することを示している。その一方で、実施における阻害要因として、知識不足、授業時間不足、ＩＣＴ環境の未整備を指摘している。(26)

さらに、楠見・西川・齊藤・栗山は、プログラミング教育が本格実施される1年前の２０１９年3月に全国の小中学校教員６３３人に調査を行った。その結果、プログラミング教育に対する意欲については、プログラミングを教える機会をもちたいと回答した小学校教員は全体の3分の1であった。残りの3分の2の教員に対して、プログラミングを教える妨げになっている理由を尋ねたところ、「プログラミングについてよく知らず、どのような内容を教えたらよいかわからない」という直接的理由と、「他の仕事で忙しくて手がまわらない」という間接的理由が、いずれも半数の教員から指摘された。プログラミング教育導入のための今後の課題として、教員の半数が挙げた課題は、教材の充実、指導法の確立、環境整備、授業時間・人材・研修機会の不足であった。回答した教員全体をみると、コンピュータに不安を持つ者は3割、不安のない者は4割、コンピュータを苦手とする者は半数であった。(27)

今後の課題は、プログラミングスキルが高くない教員でも授業実践ができるプログラミング教育の教材を開発し、それを用いた授業実践や研修を行うことである。さらに、その評価に基づいて改善を行ったプログラミング教材と指導方法を、研修

の体験による小学校教員の意識変化に関する一考察」『日本教育工学会第33回全国大会講演論文集』２０１７年、２５１～２６２ページ。齊藤貴浩、栗山直子、森秀樹、西原明法、前川眞一、安東幸治、宮川拓也、門脇哲太郎、塩澤駿、宮北幸典、山崎成歩、川原田康文「Pepperを用いたプログラミング教育の教員への影響：Pepperプログラミング教育における効果検証」『日本教育工学会第34回全国大会講演論文集』２０１８年、85～86ページ。

(27) 楠見・西川・齊藤・栗山「プログラミング教育の授業実践に対する小中学校教員の期待と意欲」『日本教育工学会論文誌』44、２０２０年、２６５～２７５ページ。

などを通して、教員に向けて提供することである。

(3) プログラミング教育に対する保護者の意識

小学校へのプログラミング教育の導入にあたっては、小学生の保護者の期待は大きい。小学校への本格導入以前は、小学生へのプログラミング教育は、民間の教育機関（子ども向けのパソコン教室、塾など）に委ねられており、一部の児童しか学ぶ機会がなかった。

楠見・西川・齊藤・栗山は、プログラミング教育が本格実施される1年前の2019年3月に全国の小学生の保護者1800人に調査を行った。その結果、第一に、父親、母親とも教育によって自分の子どものプログラミング能力を伸ばすことができると8割が考えていた。第二に、プログラミング教育の学習効果（プログラミングの仕組みの理解や論理的思考などの向上）への期待は、父親、母親とも7割以上が持っていた。そして母親の方がやや高かった。第三に、父親は母親よりもプログラミングや数学スキルの自己評価が高く、コンピュータに関する不安は低くて（例：コンピュータを上手く扱えないで不安になると答えた父親は25％、母親は42％）、プログラミング教育に関わりたいと考えていた。そして、第四に、父親は母親よりも、人と人工知能が協働する未来社会に対して肯定的に考えていることが明らかになった。[28]

---

(28) 同右。

5 教育の情報化に向けたその他の課題

『教育の情報化ビジョン』において、教育の情報化は「情報教育の推進」「教科指導におけるICT活用」「校務の情報化の推進」の三つの側面にまとめられていた（第2節(1)）。本章で主に扱った内容は「情報教育の推進」の中の「情報活用能力」であり、そのうちの一事例として、小学校での必須内容となるために近年取り上げることが急増しているプログラミング教育であった。

教育現場では他にもたくさんの懸案がある。代表例の一つは、ICT端末との付き合い方であろう。情報活用能力の一部に位置づけられているが、COVID-19感染拡大に際して教育現場を支援しようと始めた京都大学大学院教育学研究科による小中高の教員向け研修(29)において、悩みが多く寄せられる内容の一つであった。もっとも、これは学校内だけの問題でなく、たとえばサイバー犯罪に巻き込まれるリスクを減らすことにも直結するため、社会全体で解決を図るべき問題であろう。

この他、この10年間で繰り返し話題になってきたのは著作権である。近年、授業目的公衆送信補償金制度のような大きな進展はあったものの、困難はまだ多い。まず、教科書で用いられている著作物の許諾は電子的な出版を前提としておらず、デジタル教科書上で用いるために新たな許諾が必要とされている。また、教科書に載

(29) 京都大学大学院教育学研究科教育実践コラボレーション・センター主催「E.FORUM2020連続研究会「学校教育におけるICT活用」。

せられた著作物の利用範囲も問題である。授業時間内であれば著作権法第35条によって用いることができるが、児童生徒が持つ端末に著作物の電子的な複製が含む課題が送られ、それを家で閲覧する場合に著作物はどう保護されるべきか、などの問題がある。法律の改正の可能性も含めて今も議論がなされている。

逆に、児童生徒自身の活動の電子的な記録をどのように保護するかも大きな課題である。これは結局、個人情報保護の問題であり、教育に関するデータをどのように保護していくかの一般的な議論とリンクしている。基本的には各個人が自分の情報について決定する権利を持つことが原則ではあるが、児童生徒の情報に関する決定を誰がするべきか自体も論争的であり、解決は容易ではない。

これらの問題の多くは、結局、教育に関わるデータをどのように収集し、利活用していくべきであるか、という問題につながる。複数の研究分野を越えた学際的な議論が必要であり、日本学術会議でも、2020年9月に公開された提言「教育のデジタル化を踏まえた学習データの利活用に関する提言――エビデンスに基づく教育に向けて――」[30]をまとめたのは情報学委員会と心理学・教育学委員会の合同による教育データ利活用分科会であった。文部科学省でも、2020年から「教育データの利活用に関する有識者会議」が始まり、2021年3月には中間まとめが公開されている。この、学校教育で集まってくるデータをどのように扱い、教育に資するべきかという教育データ利活用の議論は、日本の教育のあり方の根幹に関わると

(30) 日本学術会議心理学・教育学委員会・情報学委員会合同教育データ利活用分科会『提言「教育のデジタル化を踏まえた学習データの利活用に関する提言――エビデンスに基づく教育に向けて――」』(2020年9月30日)(http://www.scj.go.jp/ja/info/kohyo/pdf/kohyo-24-t299-1.pdf、2021年7月19日確認)。

ともに、日本社会の情報化をどのようにしていくか、という問題に直結する。日本の教育の情報化は、この10年間でようやく、その入り口に立ったと言える。

（第1〜3、5節　久富、第3〜5節　楠見）

キーワード解説3

リテラシー

リテラシー（literacy）は多義的な用語である。ただ、リテラシーの原義を辿ると「literature」で意味されていた読書による教養という意味に加えて、19世紀末に教育概念として識字能力という意味合いが生まれてきている。これらを踏まえると、リテラシーは書字文化による教養に基づいた読み書き能力と定義づけることができる。20世紀には「リテラシー」の概念の発展に伴って、読み書き能力に関わる様々な観点への注目が必要であると提起されてきた。たとえば「機能的リテラシー」の登場によって社会的自立に求められる程度という水準の観点が、「文化的リテラシー」の登場によって読み書き文化で共有されてきたものへの理解という観点が、そして「批判的リテラシー」の登場によって学習者と世界の相互作用の必要性という観点や、目指すべき一つの「リテラシー」を規範的に想定するのではなく複数の「リテラシー」を想定するべきとする観点が提起されてきた。加えて、経済協力開発機構（OECD）が行っているPISA調査では「読解リテラシー」「数学的リテラシー」が掲げられており、言語のみならず、記号を読み解くことも「リテラシー」の対象とする範囲に含まれるようになってきている。

ただ、日本国内では「情報リテラシー」や「メディア・リテラシー」などの用語が登場する中で、「リテラシー」が「活用力」とほぼ同義の意味として用いられている文脈もある。

（小柳　亜季）

第4章

高度な科学技術人材の育成をめざす教育

服部憲児／鎌田祥輝

本章では、概ね2010年以降を対象とし、科学技術人材を育成するための教育について、その政策ならびに実践事例を紹介する。第1節では政策の概略を示し、主として支援事業の内容や成果等を示す。第2節ではSSH支援事業について探究活動の実践を示す。第3節では最新の動向としてSTEAM教育を紹介する。

1 高度な科学技術人材を育成する教育政策

(1) 科学技術人材を育成するための教育政策の概況

競争がますます激しくなっている国際社会の中で、天然資源に恵まれていない日本が生き残っていくための方策として、科学技術イノベーション政策が強力に推進されている。その成否はそれを担う人材にかかっていると言っても過言ではない。科学技術政策の中で、高度な科学技術人材の育成は重要な柱であり、その基礎を担う部分として教育は重要な役割を果たしている。

1995年制定の科学技術基本法により、「政府は、科学技術の振興に関する施策の総合的かつ計画的な推進を図るため、科学技術の振興に関する基本的な計画」、すなわち科学技術基本計画を策定しなければならないこととなった。2000年には内閣府に総合科学技術会議（現、総合科学技術イノベーション会議）が設置され、国際競争力の低下への対応策が議論された。第2期「科学技術基本計画」（2001～2005年度）において、基本方針の具体策の一つとして「人材は、科学技術活動の基礎となるものであるので、科学技術に関する教育の改革を進めることにより、優れた人材を養成・確保する」ことが示され、後述するスーパーサイエンスハ

イスクール（以下、ＳＳＨ）支援事業の実施へとつながっていく。[(1)]

科学技術基本計画は１９９６年から5年おきに策定されており、２０２０年度は第5期「科学技術計画」（２０１６年閣議決定）の最終年度となっている。[(2)]その中で人材育成の重要性は一貫して指摘されている。現行計画においては「科学技術イノベーションの基盤的な強化」の章の筆頭に「人材力の強化」が掲げられており、「我が国が科学技術イノベーション力を持続的に向上していくためには、初等中等教育及び大学教育を通じて、次代の科学技術イノベーションを担う人材の育成」を図ることが重要とされている。

科学技術人材の育成は、前記計画のもと国の重点政策の一つとして省庁横断的に行われているが、文部科学省（以下、文科省）においても初等中等教育段階から高等教育（学部段階、大学院段階）、そして社会人に対するものまで、年少者に対して科学技術の興味を喚起するものから若手研究者の支援まで、様々な施策が実施されている。初等中等教育関係のものに絞っても、ＳＳＨ、国際科学技術コンテスト、科学の甲子園、科学の甲子園ジュニア、グローバルサイエンスキャンパス（ＧＳＣ）、ジュニアドクター育成塾、女子中高生の理系進路選択支援事業等の事業が展開されている。[(3)]

(1) 小林淑恵・小野まどか・荒木宏子『スーパーサイエンスハイスクール事業の俯瞰と効果の検証』文部科学省科学技術・学術政策研究所、２０１５年、２〜３ページ。
(2)「科学技術基本計画」は、第6期（２０２１〜２０２５年度）より「科学技術・イノベーション基本計画」に名称変更された。
(3) 文部科学省「初等中等教育段階における科学技術人材育成支援」(https://www.mext.go.jp/a_menu/jinzai/gakkou/1309861.htm、２０２１年7月21日確認)。

(2) 高度な科学技術人材育成政策としてのSSH支援事業

本章では、科学技術人材育成政策に関連する諸施策のうちSSH支援事業に焦点をあてる。というのも、SSH支援事業は19年間で283校が指定され、当初より減っているとはいえ平均して1校あたり1千万円を超える予算が配分されている、かなり大規模な科学技術人材の育成政策であることに加えて、各校で多様な取り組みやカリキュラム開発が行われ、その波及効果も期待される性質を有しているからである。

SSH支援事業は2002年度より開始された。当時、国際調査でいわゆる理系離れの傾向が見られたことから、科学技術力の強化による国際的競争力の向上が議論される中で、科学技術人材の育成、そのための科学技術教育の振興の必要性が強く認識されるようになっていた。[4] そのような流れの中で成立したこの事業は、将来の国際的な科学技術人材を育成するため、先進的な理数教育を実施する高校等をSSHとして指定して支援するもので、主として独立行政法人科学技術振興機構（JST）によって実施されている。SSHは、学校教育法施行規則第55条を適用して研究開発校としての役割を付されており、学習指導要領によらないカリキュラムの開発・実践や課題研究の推進、観察・実験等を通じた体験的・問題解決的な学習等の実施が可能となっている。[5]

(4) 小林淑恵他、前掲書、2〜3ページ。

(5) 文部科学省、前掲、小野まどか「研究開発学校制度等における独自カリキュラムの編成」『教育制度学研究』26、2019年、164〜165ページ、小林淑恵他、前掲書、1ページ。

ＳＳＨ支援事業は、日本の科学技術政策の基本方針である前記「科学技術基本計画」において、次世代の科学技術人材育成策として位置づけられていることもあり、開始初年度は指定校数26であったものが順調に拡大し、２０２０年度には２１７校が指定を受けている。先行研究によれば、その開始から「試行期」（２００２～２００４年度）、指定校数が１００校程度の「本格実施期」（２００５～２００９年度）、指定校が２００校程度へと拡大していく「指定拡大期」（２０１０年度以降）の３期に分けることができ、「本格実施期までにほぼ現在のＳＳＨ支援事業の体制を確立し、指定拡大期には重点枠等の設置や『開発型』『実践型』の分化により、ＳＳＨ活動を多様化している」[6]。ＳＳＨ指定校は、科学技術人材の育成に向けて、学校や地域の特性を活かしたプログラムを考案し、多様な取り組みを行っている。各校の取り組みの概略については科学技術振興機構のホームページ[7]で紹介されているのでここでは省略するが、その取り組み事例の一部については次節で詳しく紹介する。

(3) SSH支援事業の成果・課題・展望

ＳＳＨ支援事業は、行政改革推進会議による２０１７年秋の年次公開検証等（秋のレビュー）において、スーパーグローバルハイスクール（ＳＧＨ）事業とともに「高等学校における先進教育」としてその点検対象となり、事業の目的と内容との

(6) 小林淑恵他、前掲書、7～9ページ。

(7) 科学技術振興機構「スーパーサイエンスハイスクール」(https://www.jst.go.jp/cpse/ssh/index.html、2021年7月21日確認)。

整合性など、いくつかの課題が指摘された。(8) これを受けて、文科省は「スーパーサイエンスハイクール（ＳＳＨ）支援事業の今後の方向性等に関する有識者会議」（以下、ＳＳＨ有識者会議）を設け、これまでの成果と課題を整理し、同事業の今後のあり方の検討を行っている。

その「第二次報告書に向けた論点整理」（２０２０年）（以下、「論点整理」）では、まずＳＳＨ支援事業の成果として、①優れた科学技術人材の輩出（卒業生が優れた科学技術人材として国内外での研究機関や企業等で活躍し始めていること）、②高校における理数系教育に関する教育課程の改善（新学習指導要領における「理数探究基礎」、「理数探究」が新設されるなど研究開発の成果が理数系教育全体の質の向上に貢献していること）、③生徒の意欲・関心の向上および進路選択に与えた影響（各種調査で科学技術領域に対する好影響が示されていること）、④生徒の理系進学率に与えた影響（卒業生の理系学部進学率や大学院への進学希望率が高いこと）、⑤地域の教育への波及効果（ノウハウが域内の教育に波及効果を与えていること）、⑥大学と高校の先進的な教育との連携・接続（ＳＳＨ指定校の取り組みや出身者に対する大学の評価が高いこと等）が示されている。

また、ＳＳＨ支援事業の成果に関する総合的研究の代表例としては、小林淑恵らによる同事業の分析が挙げられる。(9) そこでは、同事業全体を俯瞰し、事業の経緯や変遷、ＳＳＨ指定校の変化等から、包括的な全体像のエビデンスベースでの提示、

(8)「高等学校における先進教育取りまとめ」(http://www.cas.go.jp/jp/seisaku/gyoukaku/H27_review/H29_fall_open_review/torimatome_4.pdf、２０２１年7月21日確認)。

(9) 小林淑恵他、前掲書。

意識と効果についての分析ならびに理系大学進学率等を用いた成果の統計的検証が試みられている。主な分析結果としては、ＳＳＨ指定校の理系進学率が性別を問わず全国平均に比べて高いこと、地方都市や研究人材育成大学の少ない地域のＳＳＨ指定校の国公立理系進学率が相対的に高いこと、ＳＳＨ支援事業に関与している教員比率が高いＳＳＨ指定校、対象生徒の比率が高いＳＳＨ指定校で理系進学率が高い傾向があること等が指摘されている。

このような成果があるとされるＳＳＨ支援事業ではあるが、一方で課題も指摘されている。先に触れた行政改革推進会議のレビューでは、事業の目的と内容との整合性、事業の成果に関する評価方法、費用対効果（国費投入の妥当性や効果を最大化する指定のあり方）等の問題が指摘された。また、上に引用したＳＳＨ有識者会議の「論点整理」では、２０１９年度の予算執行調査において指摘されたＳＳＨ支援事業の課題（評価方法の確立、成果の還元・普及方法、早期の自立化、効率的な調達等）に加えて、地理的要因による取り組みの制約の解消ならびに国や管理機関による支援の充実が必要とされている。

このうち「早期の自立化」はいわゆる自走化の問題とも言える。多くの予算が投入されているがゆえに、期間が終了して予算的支援がなくなると、せっかく開発したカリキュラムも実施がきわめて困難になる。予算執行調査の指摘事項ではあらかじめ終了後の自走化を織り込んで計画を立てることを求めているが、それは、相対的に外部資金を得やすい大学でも難しい事柄であり、ましてや高校にとっては容易なことではないと思われる。

とはいえ、早期段階における科学技術人材の育成策という観点において、SSH支援事業がこれらの課題を克服しつつその役割を果たすことが期待されている。SSH有識者会議は、同じく「論点整理」において、SSH支援事業に今後期待される役割として、国際的に活躍しうる科学技術人材の育成、地域における科学技術人材育成ネットワーク拠点の形成、成果の普及・啓発の取り組みを挙げている。このうち最初の国際的科学技術人材の育成には、教育手法の開発や他教科への展開、教師の資質・能力の向上なども含まれており、総合的な観点から教育の向上が期待されている。

(4) 科学技術人材の育成策としてのSTEAM教育への注目

さらにSSH支援事業は単なる科学技術人材にとどまらない発展が期待されている。SSH有識者会議は「論点整理」において「現在、教育再生実行会議や中教審において議論が行われているSTEAM教育を推進するためには、課題研究などSSH指定校で行われている問題発見・解決的な学習の充実が求められている」（6ページ）と述べている。STEAMとは、Science, Technology, Engineering, Art, Mathematicsの頭文字を取ったものである。元々は科学技術分野の教育としてS

TEM教育の語が用いられていたが、近年においてはそこにArtを融合させたSTEAM教育が広まってきている。

STEM教育は、2001年に当時全米科学財団（NSF：National Science Foundation）理事長補佐だったラマレイ（Ramaley）博士によって命名されたものである。アメリカ合衆国では第二次世界大戦後に理数系教育の重要性と充実が繰り返し提言されてきたところではあるが、STEM教育の命名がなされた2000年代以降は、世界水準の競争力の刷新の重要性の認識が高まり、科学教育の指針やカリキュラムが整備されるようになってきたとされる。オバマ政権下の2015年にはSTEM教育法も成立している。一方、STEAM教育はヤークマン（Yakman）氏により2006年に提唱されたものである。工学的で一つの解決策を目指す収束思考のSTEM教育に、芸術的で個々で異なる解決策を模索する拡散思考のArtが加わることで、多面的な物の見方や新たな解決策が生み出され、創造性や革新性の促進が期待される。(10)

日本でもSTEAM教育は注目されるようになっており、教育再生実行会議の「技術の進展に応じた教育の革新、新時代に対応した高等学校改革について（第11次提言）」（2019年）において、幅広い分野で新しい価値を提供できる人材を養成することができるよう、初等中等教育段階においてSTEAM教育を推進するため、「総合的な学習の時間」や「総合的な探究の時間」、「理数探究」等における問

(10) 胸組虎胤「STEM教育とSTEAM教育――歴史、定義、学問分野統合――」『鳴門教育大学研究紀要』第34巻、2019年、59〜64ページ。

題発見・解決的な学習活動の充実を図ることが提言され、これを受けて中央教育審議会でも審議がなされているところである。STEAM教育の本格的な導入はまだこれからであるが、第3節において日本における最近の動向を紹介する。

2 スーパーサイエンスハイスクール（SSH）の実践事例

本節では、特色の異なるSSH2校の実践を紹介する。1校目は、京都市立堀川高等学校（以下、堀川高校）である。堀川高校は、SSH支援事業が開始された2002年度以前より、特設科目「探究基礎」を設置し、探究の作法を学び生徒による課題設定を重視した探究活動を展開してきた。さらに課題研究の指導方法の開発・普及に積極的に取り組む学校である。2校目は、兵庫県立尼崎小田高等学校（以下、尼崎小田高校）である。尼崎小田高校は、2018年度～2019年度にSSHの「社会との共創」枠で科学技術人材育成重点枠の指定を受けており、地域社会における課題解決への取り組みを継続的に行っている学校である。

(1) 探究活動のモデルとしての「探究基礎」：京都市立堀川高等学校

1948年に開校した堀川高校は、京都市の教育改革のパイロット校として19

99年に、普通科の学習内容を深めることを主眼とした専門学科である人間探究科・自然探究科（探究学科群）の設置や特設科目「探究基礎」の設置を含む学校改革を行った。(11)「探究基礎」は、総合的な学習（探究）の時間や情報系科目の代替科目であり、文系理系を問わず普通科も含むすべての生徒が1年生前期〜2年生前期までの1年半履修する科目である。

「探究基礎」は半年ごとに、HOP、STEP、JUMPの3段階に分けられ、講義・実習を経て、課題設定能力や課題解決能力を高めながら、2年生前期終了時には課題研究が完結できるような指導が行われている（表1）。HOPでは、実験・観察・調査計画の立て方、結果の分析方法、データや文献等資料の扱い方などを学ぶ。さらに教師から与えられる共通課題に取り組み、課題設定からポスター発表、論文作成まで、探究のサイクルを一通り経験する。STEPではゼミごとに分かれて、具体的探究の手法を学ぶ。たとえば、輪読やフィールド調査、実験や先行研究調査、発表や議論を行う。JUMPでは、最終目標である論文執筆に向け、生徒それぞれが探究活動計画を作成し、教師や大学院生のTAの指導のもとで実験や調査活動を行う。そして、ポスター発表等を行い、教師・TA、生徒同士、外部の見学者などから批判やアドバイスを受けつつ、論文を執筆する。

堀川高校の取り組みの特色を2点取り上げよう。第一に、外部コンテスト等で評価される探究成果を生み出すよりも、生徒が自身の問いから課題を立案し論文を書

(11) 荒瀬克己『奇跡と呼ばれた学校』朝日新聞社、2007年、39〜41ページ。

ききるまでの一連の探究の過程を経験し、その中で探究の作法を学ぶことを重視している点である。その証左に、「探究基礎」の論文集だけでなく、テーマ設定・実験の過程・論文作成の経験や下級生へのメッセージを取り上げた『探究基礎体験記』を発行していることが挙げられる。体験記発行の目的は、生徒が探究活動をどのように進め、指導をどのように受け止めたのかを教師が認識し、今後の指導法開発に役立てること、そして次年度以降に探究活動を行う生徒・教師の参照資料とすることとされている。(12) 体験記によって、ポスターや論文では捨象される、生徒が直面した困難とその解決といった試行錯誤の過程に迫ることを可能にしている。

■表1 「探究基礎」の概要(13)

学年・学期（別称）	1年生前期（HOP）	1年生後期（STEP）	2年生前期（JUMP）
位置づけと目標	（探究準備期間）探究の「型」を学ぶ＝探究の具体的方法を学ぶ前に、どの分野を探究する上でも必要な探究の進め方や、表現の仕方を学ぶ。	（探究体験期間）探究の「術」を身につける＝学問分野ごとに整備されている具体的な調査技法（実験・フィールドワーク・資料の見方など）を学ぶ。	（探究実践期間）探究の「道」を知る＝実際に探究活動をすすめることで、普遍的な探究能力を高める。
授業の形式（同一時間帯に2クラスが授業）	HRクラス単位×2クラス同時進行	少人数講座（ゼミ）での授業 1ゼミの生徒数：10名程度、ゼミ数：普通科8講座、探究学科群：9講座（注）	少人数講座（ゼミ）での授業 1ゼミの生徒数：10名程度、ゼミ数：普通科8講座、探究学科群：9講座

(12) 次橋秀樹「京都市立堀川高等学校の『探究基礎』を探究する」『京都大学COC事業：地〈知〉の拠点事業「COCOLO域」：高等学校における「探究」の指導』2015年、43ページ。

(13) 京都市立堀川高等学校『平成27年度指定スーパーサイエンスハイスクール研究開発実施報告書・第5年次』2020年、18ページ。

授業担当者	探究学科群：国語科・英語科・数学科・情報科から各1名 普通科：国語科・英語科から各1名、情報科から2名	ゼミの担当教科から1～2名 ゼミごとにTA0～1名	ゼミの担当教科から1～2名 ゼミごとにTA1～2名

注　探究学科群の生徒を対象とするゼミの内訳は、言語・文学、人文社会、国際文化、物理、化学、生物学、地学、数学、情報科学である。

第二に、生徒が主体となって探究を行い、教師は生徒の探究を支援する役割を果たし、そのための体制が整えられていることである。たとえば、探究活動の指導に学校の多くの教師や外部の大学院生ＴＡが携わることを念頭に、探究基礎の授業資料をまとめた資料集が作成されている。[14]他にも、ＨＯＰで生徒が用いるテキストが作成されている。これらを通して、ＨＯＰを担当していない教師でもＨＯＰの学習内容を把握し、ＳＴＥＰやＪＵＭＰで活かすことができる。また生徒にとっても、見通しを持って自発的な学習に取り組むことができる。[15]これらの資料やテキストは継続的に改訂が行われている。

「探究基礎」の資料の蓄積は、堀川高校内での知見共有だけでなく、他校への探究活動の普及にもつながっている。たとえば、京都市の小・中・高等学校を対象とした出前授業や教員研修を提供している。また中学生向けに探究的な考え方を涵養することを目的として、探究活動を2・5時間で行うワークショップ「探究道場」を提供している。[16]「探究道場」の運営やテーマ決めは堀川高校の生徒が主体となっ

(14)　同右書、22～23ページ。

(15)　同右書、31ページ。

(16)　同右書、100ページ。

て行われており、高校生自身が探究活動の進め方や面白さを伝える担い手となることも期待できる。

このような堀川高校の取り組みに加えて、堀川高校を含む近畿・北陸のSSH8校が共同で、高等学校で保障すべき生徒の探究型学力を明確にした、科学的探究の「標準ルーブリック」[17]の開発も行われた。標準ルーブリックの作成動機の一つに、大学入試において探究的な学習の成果が評価される際に、外部コンテストの結果や生徒が行った研究成果物によって評価される傾向への批判が挙げられる。それは、このような成果が題材や運などの要因によってうまくいったに過ぎない可能性があることに加えて、研究推進や論文執筆の段階で教師が関与しすぎることで生徒自身の力が評価されていない危惧もあるからであった。[18]

「標準ルーブリック」作成の試みは、『スーパーサイエンスハイスクール（SSH）支援事業の今後の方向性等に関する有識者会議報告書』（2018年）においても、探究活動の中で育成する資質・能力を高校から積極的に示すものとして紹介されている（8～9ページ）。なお、標準ルーブリックは、開発参加校のカリキュラムや探究活動で育てたい生徒の資質・能力が類似しているからこそ開発できたものであり、これをすべての学校に普及させるように意図されてはいないことに留意したい。

---

(17) 標準ルーブリックの詳細や作成過程については、西岡加名恵・大貫守「スーパーサイエンスハイスクール8校の連携による『標準ルーブリック』開発の試み」京都大学大学院教育学研究科・教育方法学研究室編『教育方法の探究』23、2020年、1～12ページを参照。

(18) 西岡加名恵・大貫守、同右論文、7ページ。

(2) 地域の課題解決を視野に入れた探究活動：兵庫県立尼崎小田高等学校

尼崎小田高校では、兵庫県下初の理数系専門学科であるサイエンスリサーチ科に加えて、国際探求学科、普通科、さらに普通科の中に看護医療・健康類型が開設されており、多彩な教育活動が展開されている。また、自校での探究活動に加えて、瀬戸内海沿岸地域の高校を中心に高校間連携による探究活動を実施している。2018年度からは「環境・防災地域実践活動高校生サミット」（以下、高校生サミット）を主催している。高校生サミットは、海の環境や防災をテーマに、高校生が探究活動の成果を活かして地域の人々と連携しながら地域の課題に対して「行動」「提言」「貢献」できる力を育成することを目標とした企画である。2019年度は35校が連携校として参加した。地域の課題解決を念頭に学際的な探究を展開する場である高校生サミットには、多様な関心を持つ生徒が参加していた。

2019年度は、7月から12月にかけて、全3回のワークショップ、各学校で生徒が取り組む探究成果のポスター発表、「人と自然の共存を考える」をテーマとしたディスカッションに加え、瀬戸内海地域の環境・防災に関する共同研究を行った。[19] ワークショップでは、探究活動に資する基礎知識・研究方法の学習や各地域での探究活動・実践の報告を行った。具体的には、瀬戸内海での海岸調査、マイクロプラスチックの採取、防災・環境の問題に取り組む研究者や地域の実践家の取り組

(19) 兵庫県立尼崎小田高等学校「令和元年度環境・防災地域実践活動高校生サミット報告書」2020年3月。

みについて講義を受けた。共同研究は、様々な学校の生徒が共同で課題設定から解決までを行うもので、年3回のワークショップ内だけでなく各学校でも活動を行うことが想定された。共同研究やワークショップでは、「地域の環境を守り、自然災害から人々を守るためにはどうすればいいのか？　あなたは何ができるのか？」を基本的な問いとして継続的に自己評価を行う取り組みが行われた。

現在でも高校生サミットの取り組みは継続して行われており、各地の高校生が探究活動の成果を交流する場としての役割を果たしている。のみならず、高校生サミットは各学校で取り組んでいる探究活動の意義を、地域の課題解決という視点から問い直す機会となっている。条件統制された実験室で行われる実験の結果を解釈するだけでなく、それを実世界の課題解決に適用したり、人々に探究の成果を伝える時に、どのような問題が起こるのか、何を解決すべきか、などを視野に入れて自身の研究を吟味する機会として、高校生サミットをとらえることができる。このような地域の課題解決という視点は、「国際的に活躍し得る科学技術人材等の育成」というSSHの趣旨や科学研究から乖離しているようにも見える。しかし現在では、環境問題のようなトランスサイエンスの課題へのアプローチや、企業との連携による経済的・社会的に有用な知の生産も科学研究の姿として存在する。[20]このような社会の課題解決には科学以外の視点が必要になる一方で、科学研究の知見も、解決や意思決定の糸口となる。高等学校における探究活動では、科学研究の作法を模倣し

---

(20)　小林傳司「科学技術の論じ方」藤垣裕子責任編集『科学技術社会論とは何か』東京大学出版会、2020年、21～23ページ。

科学研究の評価規準のみを取り入れるのではなく、社会や地域の視点を取り入れて探究成果の意義をとらえ、探究活動と現実世界との結びつきを生徒に意識させることも重要であろう。

3 STEAM教育の展開

前述のとおり、STEAM教育については中央教育審議会で審議がなされているところである。[21] 他方、経済産業省の有識者会議「『未来の教室』とEdTech研究会」（2018年度〜。以下、EdTech研究会）の議論から立ち上げられた「STEAM検討ワーキンググループ」では、STEAM教育普及に向けた議論や実証研究が行われている。

EdTech研究会の議論のまとめとして、2019年に「『未来の教室』ビジョン」が発表された。「『未来の教室』ビジョン」では、「一人ひとりの子ども達の心をワクワクさせ、未知の課題に果敢に挑戦する心を引き出し、未来を創る当事者（チェンジ・メイカー）に育むための教育」のあり方が提言されており、その中で、「学びのSTEAM化」が唱えられた。「学びのSTEAM化」とは、「文理を問わず教科知識や専門知識を習得する（＝『知る』）ことと、探究・プロジェクト型学習（PBL）の中で知識に横串を刺し、創造的・論理的に思考し、未知の課題やその

(21) 文部科学省「STEAM教育等の各教科等横断的な学習の推進」(htpp://www.mext.go.jp/a_menu/shotou/new-cs/mext_01592.html。2021年7月18日確認)。

解決策を見出す（＝『創る』）ことが循環する学び」を実現させることである。このような学び方を、学校のＩＣＴ環境整備、学びの個別最適化による知識習得の効率化、学習指導要領や標準授業時数による制約の緩和などの主張とともに提起している。

そして、教育課程内でＳＴＥＡＭ教育を推進するための方策として、２０２０年度に重点的に実証検証が行われたのが、オンライン上の「ＳＴＥＡＭライブラリー」[22]の試験構築である。「ＳＴＥＡＭライブラリー」には、民間事業者、高校、大学、研究機関が連携して開発された、学際的な社会課題や身近な生活課題をテーマとしたコンテンツが掲載されている。２０２１年7月18日現在公開されている「ＳＴＥＡＭライブラリー」コンテンツは、ＳＤＧｓの17のゴール、教科、学校段階のラベルが貼られ整理されている。各コンテンツは数時間の授業から構成され、授業動画だけでなく、学習者用のワークシート、教師用の指導案やスライド等が掲載され、学校等の授業内で活用しやすいよう工夫されている。さらに将来的にはデジタルアーカイブだけでなく、学校の壁を越えて生徒、教師、研究者、企業人が交わる双方向的なプラットフォームの構築が目指されている。

このように、文部科学省の教育政策とはやや独立してＳＴＥＡＭ教育の普及が進められている。日本における科学技術人材育成にむけた教育政策の動向を検討する上では、文部科学省以外の動きにも注目する必要があるだろう。

---

(22) STEAM Library(https://www.steam-library.go.jp/、２０２１年7月18日確認)。

（第1節 服部、第2・3節 鎌田）

第5章

グローバル人材を育てるカリキュラム改革

——SGH、WWLの取り組みに着目して——

本省では、概ね2010年以降のグローバル化に対応するための教育改革について、その政策概要と実践事例を紹介する。第1節では政策の概略を示し、主としてSGH事業の内容や成果等を示す。第2節ではSGH事業およびWWL事業の実例を示す。第3節ではグローバル人材／市民の育成に関する今後の課題を整理する。

服部憲児／祁白麗

1 グローバル人材を育成する教育政策

(1) グローバル化に対応するための教育政策の概況

近年の日本においては、社会の様々な側面でグローバル化が加速度的に進行しており、教育界にもグローバル化社会に対応するための教育政策、それに対応できる人材の育成、いわゆるグローバル人材の育成が求められている。2007年には経済産業省と文部科学省（以下、文科省）によって人材育成における課題について議論する場として「産学人材育成パートナーシップ」が設けられ、2010年には文科省に「産学連携によるグローバル人材育成推進会議」が置かれてグローバル人材の育成の方向性が議論されている。[1]

後者の「審議のまとめ」（2012年）においては、育成すべきグローバル人材の要素として、①語学力・コミュニケーション能力、②主体性・積極性、チャレンジ精神、協調性・柔軟性、責任感・使命感、③異文化に対する理解と日本人としてのアイデンティティーの三つが提示されるとともに、これからの社会の中核を支える人材に共通して求められる資質として、幅広い教養と深い専門性、課題発見・解決能力、チームワークと（異質な者の集団をまとめる）リーダーシップ、公共性・

(1) 鎌田公寿・藤井大亮・菊地かおり・羽田野真帆「高校教育における『グローバル人材』育成の特質：スーパーグローバルハイスクール（SGH）構想調書の分析を通して」『筑波大学教育学系論集』42(2)、2018年、74ページ。

倫理観、メディア・リテラシー等が挙げられている。そして、これらのグローバル人材に必要な能力を育成する策として、初等中等教育段階においては実践的な英語教育の強化、高校留学等の促進、教員の資質・能力の向上等が、高等教育段階においては大学入試の改善・充実、国際的に誇れる大学教育システムの確立、留学生交流の戦略的な推進等が提言されている。

グローバル化ないしは国際化との関係で実施されている施策のうち一般にも比較的よく知られているものとしては、小学校における外国語活動の導入、「飛び立て！ 留学JAPAN」キャンペーン、スーパーグローバル大学創成事業（SGU）などがある。本章が主たる対象とする高校教育に関する主な動向としては、2002年度からは英語教育を重視したカリキュラムの開発等を行うスーパー・イングリッシュ・ランゲージ・ハイスクール（SELHi）、2013年度からは一部日本語による国際バカロレア（IB）教育プログラムの開発・導入、そして2014度からはスーパーグローバルハイスクール（以下、SGH）事業が、2019年度からはWWL（ワールド・ワイド・ラーニング）コンソーシアム事業（以下、WWL事業）が実施されており、高校段階からの積極的なグローバル人材の育成が図られている。(2) それは必ずしも世界で活躍する人材だけではなく、グローバルな視点をもって地域社会の活性化を担う人材の育成も目指している。

(2) 鎌田公寿他、前掲論文、73ページ。

(2) グローバル人材育成政策としてのSGH事業

グローバル化に関連する諸施策のうち、まずはSGH事業に焦点をあてる。というのも、この事業に計213校が指定され、1校あたり最大1600万円の予算が配分される比較的大規模な事業であることに加えて、グローバル人材の育成のために各校で多様な取り組みやカリキュラム開発が行われており、その波及効果も期待されているからである。

SGH事業は、教育再生実行会議第3次提言(2013年)や「日本再興戦略――JAPAN is BACK――」(2013年)において言及され、グローバル・リーダーを育成する先進的な高校を指定・支援すること、そこで高度な能力を備えた高校生を国際レベルにまで引き上げること、国際的教養を身につけさせ国際舞台で活躍できる人材を育成することが期待されている。他方、中央教育審議会答申「第2期教育振興基本計画について」(2013年)においては総合的な施策によるグローバル社会における人材育成が提言され、それを受けて第2期の「教育振興基本計画」(2013年6月閣議決定)では基本的方向性の一つである「未来への飛躍を実現する人材の養成」の中でSGH構想について言及がなされている。[(3)]

さて、SGH事業の目的は、「高等学校等におけるグローバル・リーダー育成に資する教育を通して、生徒の社会課題に対する関心と深い教養、コミュニケーショ

(3) 山崎保寿・福元英美「スーパーグローバルハイスクールの成果に関する実証的研究:教育方法としてのアクティブ・ラーニングの効果に焦点を当てて」『静岡大学教育実践総合センター紀要』26、2017年、184~185ページ。

ン能力、問題解決力等の国際的素養を身に付け、もって、将来、国際的に活躍できるグローバル・リーダーの育成を図ること」である。この目的を達成するために、SGH指定校は「目指すべきグローバル人物像を設定し、国際化を進める国内外の大学を中心に、企業、国際機関等と連携を図り、グローバルな社会課題、ビジネス課題をテーマに横断的・総合的な学習、探究的な学習を行い」、「学習活動において、課題研究のテーマに関する国内外のフィールドワークを実施し、高校生自身の目で見聞を広げ、挑戦すること」が求められる。[4] このような方向性において、SGH指定校は、グローバル人材の育成に向けて、学校や地域の特性を活かしたプログラムを考案し、多様な取り組みを行っている。各校の取り組みの概略についてはウェブ上でも紹介されている[5]のでここでは省略するが、その取り組み事例の一部については次節で詳しく紹介する。

(3) SGH事業の成果・課題・展望：SGH事業からWWL事業へ

SGH指定校は、各校ごとに中間評価と事後評価を受けることになっている。スーパーグローバルハイスクール企画評価会議「平成26（2014）年度からSGHに指定した56校の事後評価の結果について」（2020年）では、初年度（2014年度）指定校の事後評価を踏まえた座長所見において、多くのSGH指定校が5年間の取り組みにおいて概ね目標を達成し、他の高等学校への示唆や模範を提示し、

(4) 「スーパーグローバルハイスクール」（https://sgh.b-wwl.jp/、2021年7月13日確認）。
(5) 同右。

成果の普及に努めてきたことは高く評価できると総括された。また、評価委員間での共有事項として、高校生のグローバルなマインドセットやコンピテンシーを育成できたこと、探究的な学び等の新学習指導要領の先行的な取り組みとして高校教育改革にインパクトを与えたこと、地域特性を踏まえた多様な教育課程の開発・実践が展開されたこと、指定校がＳＤＧｓ（持続可能な開発目標）を教育課程の中に取り込むことによって広い視野・深い課題意識を持って自覚的な学びを進めたこと等が挙げられている。

また、ＳＧＨ事業全般の成果について取り扱った高校生に対する意識調査では、ＳＧＨプログラム受講生のグローバルなマインドセット・コンピテンシーの得点が高いこと、プレゼンテーションやディスカッション、ディベートのアクティビティが多いこと等が明らかにされている。さらに、自由記述の分析から、生徒から見た評価の高い点は、視野の広がりや自分の考え・意見の確立、多様な視点での思考、英語で交流できる能力、プレゼンテーション力の向上、論理的思考の向上であることが示されている。(6)

このような成果があるとされるＳＧＨ事業ではあるが、一方では課題も指摘されている。行政改革推進会議による２０１７年秋の年次公開検証等（秋のレビュー）において、ＳＧＨ事業はスーパーサイエンスハイスクール（ＳＳＨ）事業とともに「高等学校における先進教育」として点検対象となった。そこでは、事業の目的と

(6) 川崎将男・木野泰伸・朱藝・椿広計・永井裕久・ベントンキャロラインファーン『高校生のグローバル関心とＳＧＨについての意識調査報告書』、２０１６年。

内容との整合性、事業の成果に関する評価方法、費用対効果（国費投入の妥当性や効果を最大化する指定のあり方）等の問題が指摘された。[7] これを受けて2018年には、SGH事業の現状・成果の検証と発展のために「スーパーグローバルハイスクール（SGH）事業の検証に関する有識者会議」（以下、SGH有識者会議）が文科省に設けられ、SGH事業は見直しが図られることになる。

SGH事業は2020年度で終了となり、事業期間の終了した学校は継続して支援を受けられなくなった。選択肢としては、SGH事業により開発したカリキュラムの継続を諦めるか、縮小して実施するか、何らかの資金を得て続けるかとなる。支援期間終了後の予算をどうするかといういわゆる「自走化」の問題が大きな課題となっている。大学とは異なり、高校が獲得できる外部資金はきわめて限定的であるだけに、問題はより深刻である。せっかく開発したカリキュラムも実施できなくなることになりかねない。また、別の問題としては、SGH事業を担う教員の資質能力の向上も課題とされている。教員のグローバルマインドセット等の資質・能力の育成、またそのための教員養成・研修（海外研修も含む）について工夫をすることが、前述の事後評価で求められている。

先に触れた行政改革推進会議の指摘を受けて、SGH有識者会議において今後のSGH事業のあり方が検討された。その「スーパーグローバルハイスクール（SGH）事業検証に関する中間まとめ」（2018年）においては、SGH事業のあり

(7)「高等学校における先進教育 取りまとめ」(https://www.cas.go.jp/jp/seisaku/gyoukaku/H27_review/H29_fall_open_review/torimatome_4.pdf、2021年7月13日確認)。

方を見直し、事業目的と内容とを合致させるために、グローバルな社会課題について国を越えた結びつきの中で高いレベルで探究するアドバンス型と、地域の中でそれぞれの特色に沿って探究する力を育成するリージョナル型の2カテゴリーに分ける提案がなされた。これは、Society 5.0に向けた人材育成に係る大臣懇談会（以下、大臣懇談会）の「Society 5.0に向けた人材育成～社会が変わる、学びが変わる～」（2018年）における提言を受けたものである。

大臣懇談会はSociety 5.0に向けて取り組むべき施策をいくつか提示しているが、前者（アドバンス型）に関しては、文理両方を学ぶ高大接続改革のうち高校側の改革として、高校生が高度かつ多様な科目内容を生徒個人の興味・関心・特性に応じて履修できる学習プログラム／コースを「WWLコンソーシアム」として創設することを提言した。これは、文理両方を学習し、国内外のトップ大学等に入学できるようなグローバル・イノベーティブ人材を育成することを目指すものである。後者（リージョナル型）に関しては、地域の良さを学びコミュニティを支える人材の育成策として、地域の、地域による、地域のための高校改革を推進するために「地域高校（地域キュービック高校）」を創設することを提言した。これは、高校が地元の自治体・高等教育機関・産業界と連携し環境整備等を行い、地域人材の育成を推進し、高校を地方創生の核として地域の良さを学びコミュニティを支える人材を育成することを目指すものである。

これらを受けて文科省は、前者についてはWWL事業を実施し、2019年度に10拠点校、2020年度に12拠点校を採用した。後者については「地域との協働による高等学校教育改革推進事業」を2019年度より開始した。この事業においては三つのカテゴリー（プロフェッショナル型、地域魅力型、グローカル型）が設けられており、グローバルな視点を持ってコミュニティを支える地域のリーダーを育成することを目指すグローカル型は、2019年度に20校、2020年度に4校が指定を受けている。(8)

(4) WWL事業

文科省のホームページでは、WWL事業の概要について「将来、イノベーティブなグローバル人材を育成するため、高等学校等と国内外の大学、企業、国際機関等が協働し、高校生へより高度な学びを提供する仕組みを構築するとともに、テーマ等を通じた高校生国際会議の開催等や高等学校のアドバンスト・ラーニング・ネットワークの形成により、WWL（ワールド・ワイド・ラーニング）コンソーシアムにおける拠点校を目指します。」(9)と記載されている。

WWL事業は、これまでのSGH事業の成果等を活用して、「カリキュラム開発拠点校」を中心としたアドバンスト・ラーニング・ネットワーク形成拠点の配置（全国50か所程度）、将来的なWWLコンソーシアムの構築を目標としている。具体

(8) 文部科学省「地域との協働による高等学校教育改革の推進」(https://www.mext.go.jp/a_menu/shotou/kaikaku/1407659.htm、2021年7月13日確認)、文部科学省「WWL（ワールド・ワイド・ラーニング）コンソーシアムの構築に向けて」(https://www.mext.go.jp/a_menu/shotou/kaikaku/1412062.htm、2021年7月13日確認)。

(9) 文部科学省ホームページ、同上(「WWL（ワールド・ワイド・ラーニング）コンソーシアムの構築に向けて」)。

的には、①イノベーティブなグローバル人材を育成するため、文理両方を学ぶ高校改革と高大接続改革を推進するリーディング・プロジェクトの実施、②高校等と国内外の大学・企業・国際機関等が協働して高校生により高度な学びを提供する仕組みである「アドバンスト・ラーニング・ネットワーク」の構築、③「カリキュラム開発拠点校」においてグローバルな社会課題の解決等に向けた探究的な学びの研究開発や実践、関連する高校生国際会議の開催、④大学教育の先取り履修など、学年や学校を越えたより高度かつ多様な学びを生徒個人の興味・関心・特性に応じて履修可能とする高校生の学習プログラム／コースの環境整備を行っている。2019年度には総額約1億1千万円の、2020年度には約1億5千万円の予算が付いている。(10) このWWL事業の取り組み事例の一部については、次節で詳しく紹介する。

2 グローバル人材を育成する取り組みの実践例

(1) SGHの実践例：広島県立広島高等学校(11)

SGHの実践例として、広島県立広島高等学校（以下、広島高校）の取り組みを紹介する。広島高校は、2004年に広島県立初の併設型中高一貫教育校として設

(10) 文部科学省「WWL（ワールド・ワイド・ラーニング）コンソーシアム構築支援事業」(https://www.mext.go.jp/content/20200820-mxt_koukou01-000009413-01.pdf、2021年7月13日確認)。

(11) 小笠原成章「教育改革の先行事例としてのSGH」京都大学大学院教育学研究科E・

立され、2015年にSGHに指定された。広島高校は、SGH事業のもと、学校教育課程全体を視野に入れたカリキュラム開発を推進しており、その先進校の一つとして知られている。広島高校における実践は、以下四つの取り組みによって特徴づけられる。それは、「総合的な探究の時間での課題研究」、「各教科におけるパフォーマンス評価」、「海外フィールドワーク」、「新科目グローバル・エクスプレッション」である。以下では、それぞれの取り組みにおいて、どのようなことが具体的に行われているのかを見ていく。

一つ目の取り組みは、「総合的な探究の時間」において実践されている「課題研究」である。広島高校では、課題研究をカリキュラムの軸として位置づけることで、「学びのつながりを生み出すカリキュラム」の編成を目指してマネジメントを行っている。

課題研究のカリキュラムでは、「縦のつながり」が意識されている。3年間を通して行われる課題研究は、**表1**が示すように、社会的課題について探究し、社会問題が他人事ではない実感を掴ませる前半部分と、多様な社会問題に触れた後自分の関心に即して自由なテーマについて探究する「卒業研究」の後半部分で構成されている。課題研究では、生徒が研究者の講演や、フィールドワークといった日常的な授業とは異なる様々な学習活動に参加していく中で、社会問題に対する関心を深めると同時に、一つの課題に対して深く探究し解決していく力を身につけることが目

FORUM講演会講演資料、2020年11月28日。広島県立広島中学校・広島高等学校『スーパーグローバルハイスクール研究開発実施報告書　5年次』、2020年3月。

指されている。そして、カリキュラムにおける「横のつながり（課題研究と教科や教科外との連関）」は、他の三つの取り組みを通して生み出すことが意図されている。

■表1　課題研究の活動

前半（社会的課題・グローバル人材）	後半（卒業研究）
学問探究	PPT版研究（自由テーマ）
講演会（グローバル人材）	大学院生による指導
社会課題の発見学習	中間発表会
「アカデミックスキルズ」	文章版卒業論文
地域フィールドワーク	研究マニュアル

「各教科のパフォーマンス評価」の取り組みでは、各教科においてパフォーマンス課題を導入して学習成果を評価することが推進されている。パフォーマンス課題とは、様々な知識やスキルを総合して使いこなすことを求める複雑な課題である。できるだけ多くの事柄を覚えさせることに終始しがちな教科の授業は、パフォーマンス課題を取り入れることによって質的な変化を生じさせることが期待できる。このように、知識・スキルの習得段階を越えて、知識・スキルの活用に焦点をあわせるパフォーマンス課題に取り組むことで、課題研究における探究活動への架橋となることが目指されている。パフォーマンス課題を取り入れることで、教科で身につ

けた知識やスキルを課題研究で有意義に活用することを可能にし、課題研究に取り組む中で教科においても必要な知識やスキルを確実に身につけていくことが実現される。

「海外フィールドワーク」の取り組みでは、海外の姉妹校や大学との連携を通して、フィリピン、オーストラリア、ハワイなどでの短期交流形式での学習活動が行われている。こうした学習活動の中で、生徒は、平和や環境問題といった様々な社会問題に関して当地の人々と対話し、植林体験や調査学習などの活動に従事する。このような学習活動を通して、生徒は社会問題をよりグローバルに把握する視野が開かれるだけでなく、文化の異なる環境において対話し、異文化理解を含む広義のコミュニケーション能力をも身につけることが目指されている。

最後に、広島高校の学校設定科目として、「グローバル・エクスプレッション」が開設されている。この科目は、外国語という教科の中に「英語表現Ⅱ」科目に代わるものとして、一部の2年生と3年生を対象に設置された。この科目では、SDGs等で強調されている様々な社会課題、たとえば貧困、気候変化、水資源問題などに関する英語の長文を載せた教材が採用されている。このような独自な教材の採用に加えて、ディベート大会の開催、DVD視聴、ディスカッションといった多様な学習活動も展開されている。「グローバル・エクスプレッション」は、海外フィールドワークや課題研究とも緊密に結びつき、生徒のグローバルな社会問題に迫る力を育てる上で重要な試みの一つとなっている。

広島高校のSGH指定は2019年度をもって終了し、2021年度からはSGHネットワークの一員となっている。前述した取り組みは、広島県教育委員会が掲げるグローバル人材の育成という目標に向かって、以下に紹介するWWL事業においても継続されている。なお、広島高校の事例では紹介されていないものの、高校生の帰国子女や外国人留学生の受入れも、他の高校ではSGH事業の一環として実施されている。

(2) WWLの実践例：広島県立広島国泰寺高等学校(12)

第1節で紹介したとおり、WWLは、2020年度をもって終了するSGHを後継する事業の一つとして構想されている。ここでは、WWL事業の初年度（2019年度）に指定された10拠点校のうち、広島県立広島国泰寺高等学校（以下、国泰寺高校）に着目し、その実践の内容を紹介する。2019年、広島県教育委員会はWWL事業へ申請し、国泰寺高校を拠点校として指定した。国泰寺高校は、2002年度から2015年度までSSH（第4章参照）の指定を受けて、国内外の機関との連携や、探究学習の推進を行ってきた。また、国泰寺高校は、広島高校と同じく広島県の公立学校であり、そして広島高校もそのWWL事業の連携校の一つとして指定されている。そのため、ここで国泰寺高校を紹介することは、SGHやSS

(12) 大下伸一「広島県立広島国泰寺高等学校『イノベーティブなグローバル人材』育成のための構築に向けたカリキュラムの取り組み」文部科学省教育課程課編集『中等教育資料』1005号、学事出版、2020年、24～27ページ。

◆図1　WWLにおけるALネットワークのイメージ図（左）とその広島バージョン（右）[13]

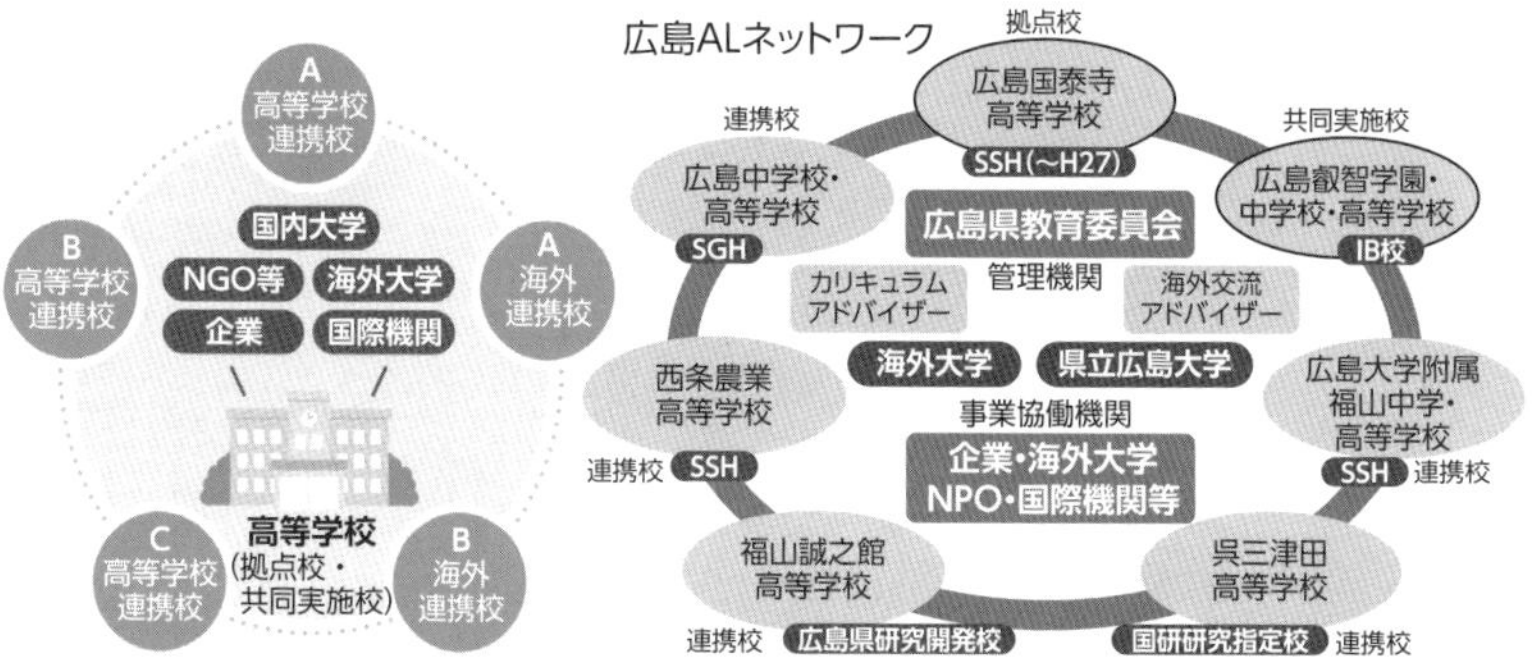

Hとの関連からWWL事業をとらえる上でも有益であろう。

国泰寺高校における教育実践は、管理機関である広島県教育委員会の協力のもと、地域の他の学校や施設との連携がより意識されて取り組まれている。図1の右が示すように、広島県の他の国公立SGH校、SSH校、研究開発指定校などが一つのネットワークを構成する、広島全体のコンソーシアムが構想されている。広島県教育委員会は、国泰寺高校を拠点校として学校間のコミュニケーションを展開したり、大学や他の機構との連携を深めたりしつつ、ネットワークを構成するすべての学校が、それぞれの実態に合った独自のカリキュラムを開発することを促進している。このようなカリキュラム開発によって、生徒のより高度な学び

⒀「ワールド・ワイド・ラーニングコンソーシアム構築支援事業」（https://b-wwl.jp/about/、２０２１年7月13日確認）、広島県教育委員会「広島ALネットワークの取り組み」（２０１９年）（https://www.mext.go.jp/component/a_menu/education/detail/__icsFiles/afieldfile/2019/07/04/1418614_11.pdf、２０２１年7月13日確認）。

が推進され、「グローバルリーダー」や「グローバル人材」の育成が目指されている。

国泰寺高校のカリキュラムの特色としては、次の四つを挙げることができる。第一に、教育目標である「グローバル人材」に向けて育成すべき資質・能力の全体像が定義されていることである。その指標としては、①知識、②スキル（課題発見・解決力、言語・コミュニケーション能力、批判的・論理的思考力）、③心構え・考え方（イノベーション、オープンマインド、グリット）が設定されている。こうした目標に対しては、教員と生徒の間で共通認識が図られており、それを達成させるためのカリキュラムが構想されている。

第二に、3年間の「総合的な探究の時間」を通して、「平和」というテーマに取り組むということである。ただし、そこでとらえられる「平和」の概念は、戦争に対する平和という狭義の概念だけではなく、貧困や環境問題などの解決も含める広義なものである。平和の概念を広くとらえる上で参考となったのは、SDGsの17の目標である。「総合的な探究の時間」において、第1学年では、原爆に関するビデオ視聴等により狭義の平和について学習した後、企業や大学との連携によって生徒の平和に関する概念と理解を深めることと、探究の方法を知ることに重きが置かれている。第2学年では、自らの探究テーマを決め、SDGsとの関わりを意識して探究活動を実践し、自分と平和の関わりを探る。第3学年では、探究した内容を論文に著してその成果について発信するとともに、これまでの探究を通した自分の成長をまとめ、振り返ることが目指されている。

第三に、文理融合科目が新設されていることである、その融合に際して重要な着眼点になったのは、言語と探究である。国泰寺高校では、外国語と文理教科との融合教科・科目として、教科「HEIWA」科目「グローバル平和探究」が設定されている。この科目では、コミュニケーションツールとしての英語、平和の実現に関わるSDGsの視点から見た地理や政治・経済、データの分析と処理を扱う数学、環境問題等と関わる理科などの様々な教科・科目が融合されている。また、この科目では、SDGsの17の目標のなかから単元ごとにテーマを決め、各教科から知識・技能を教わった後、生徒はプレゼンテーションやディベート等の活動を通して探究することで知識・技能を融合させ、知識の理解を深めていくという過程がとられる。

第四に、「総合的な探究の時間」や特設教科教科のみならず、教育課程全般に関する改革の試みもなされている。国泰寺高校では、2019年度の入学者から、文系理科系にかかわらず幅広く学べる教育課程が構想されている。たとえば公民科の倫理は全員履修とし、地理と政治・経済は、前述した新科目「グローバル平和探究」において取り扱われ、生徒全員が関わるようになった。また、理科の科目においても、「物理基礎」、「化学基礎」、「生物基礎」を全生徒が履修するようになった。

これらの教科の他、課外活動においても工夫がなされている。たとえば生徒の海外遠隔講座への参加や、海外研修における見学と課題研究発表の実施、大学での先取り履修といった試みがそれである。

3 グローバル市民とグローバル人材をめぐる葛藤

日本では、90年代以降急速に進むグローバル化を背景に、グローバル人材を育てるカリキュラム改革の推進が行われている。近年グローバル化の加速に応えようとする教育の動向においては、グローバル人材を育てるカリキュラム改革のみならず、グローバル市民を育てる市民性教育も大きな論点として挙げられている。ここまで整理してきたように、ＳＧＨやＷＷＬ事業に関しては、政策レベルではグローバル人材の育成が強調されているものの、ＳＧＨやＷＷＬ事業に関与している多くの学校で目標とされる生徒像には、実はグローバル市民（グローバルシティズンや地球市民とも言う）と、グローバル人材が併存していることがわかる。

では、グローバル人材とグローバル市民とはどのように異なるのか。概括的に言うと、グローバル人材は、社会問題に取り組む力を持ち、国境を越えるビジネスに活躍できる人間像である一方、グローバル市民は、現に国際社会に起きている様々な社会問題に関する責任と権利を自覚し、自国民や自民族中心の思考を越えて、地球や人類全体の利益からその解決に積極的に参与しようとする人間像である。つまり、前者はより個人的能力を重視し経済的文脈を意識する一方、後者はより共同性や社会のあり方を重視し政治的文脈を意識するという印象を持たれやすいのである。

この二つの人間像をめぐって、グローバル市民をグローバル人材の一種としてとらえる立場(14)や、グローバル市民とグローバル人材とは異なるものであるととらえる立場(15)が存在する。前者の立場は、グローバル市民とグローバル人材の育成を調和的なものとしてとらえ、そのいずれも重視するコミュニケーション能力や異文化理解の能力、主体性、協働性などに着目し、これらの能力の育成を教育改革の中心に据えている。とくに、SGHやWWL事業は説明責任が求められる学校のカリキュラム開発実践として、これらの能力に依拠した評価指標の開発も重要な課題となっているため、この立場は大方の理解を得られている。

一方、後者の立場は、グローバル人材の育成を裏づける経済的価値優位性とそれによって促進される学校教育の評価基準の標準化や画一性を問題視し、国境を越えて共有される、平和、公正、持続可能性といった価値観や態度の育成を不可欠かつ中心的な要素として強調し続けている。後者の立場は主流ではないものの、この立場の問題意識を現在進行中の教育改革を見直す視点としてとらえることによって、学校のカリキュラム改革に対する認識も変わってくるだろう。たとえば、グローバル人材を育てるカリキュラム改革は、進学校やエリート校のみに関連するものだと

(14) たとえば、鎌田公寿他、前掲論文。
(15) たとえば、安藤輝次「一般的ルーブリックによるグローバル市民性教育：小中高の総合的な学習の活用」『関西大学文学論集』第70巻1・2合併号、2020年、1~32ページ。

とらえたり、その中でも成績上位の生徒のみを対象としたりするような考え方を改めたり、日本国内の多様性や異質性に目を背けてコミュニケーション能力を英語力、異文化理解を海外との交流活動として矮小化する実践を問い直したりすることが期待できよう。

また、この二つの人間像の違いを認めつつも、そのアプローチにおける共通性に注目する立場もある。たとえば、石井は、「経済成長を担う『グローバル人材を育てる視点だけでなく、持続可能性・環境保護、富やリスクの分配等の社会問題の解決に向けて国際的に対話・協働・連帯する『地球市民』を育てる視点が必要である」と強調しながらも、「『グローバル人材』にしても、『地球市民』にしても、論争的で正解のない問題について、国境を越えてつながる他者と対話・協働しながら最適解や納得解を導き出していくことが求められるのである」と、そのアプローチの重なり合う側面を指摘している。(16)

最後に、本章では、グローバル人材を育てるカリキュラム改革について紹介したが、前述した論争点を孕みながらも、それは今までの受験勉強の延長線上にあるものや、それを補完するようなものではないことを押さえたい。それは、学力観や学習観の変換を伴う、既存の学校教育のあり方に対する問いかけであり、教育改革における重要な要素である。

(第1節　服部、第2・3節　祁)

---

(16) 石井英真「『スーパーグローバルハイスクール（SGH）』事業――グローバル・リーダーに求められる資質・能力」ウェブマガジン『留学交流』40号、2014年、51〜57ページ。

キーワード解説4

2017・2018年学習指導要領改訂

2017・2018年学習指導要領の改訂は「資質・能力」の育成、「主体的・対話的で深い学び」による授業改善、「社会に開かれた教育課程」、「カリキュラム・マネジメント」の四つのキーワードで特徴づけることができる。「資質・能力」は2007・2008年改訂学習指導要領で示された「生きる力」の理念を継承した上で、「知識・技能」「思考力・表現力等」「学びに向かう態度、人間性等」の三つの柱として体系化され、各教科・領域等を貫く枠組みとして示された。授業改善のあり方として示された「主体的・対話的で深い学び」は、アクティブ・ラーニングの名の下に形式的な学習形態が広がることへの懸念から、より生徒の学びの質に焦点をあわせる名称として採用されている。これまで述べてきたような「資質・能力」の育成や、「主体的・対話的で深い学び」を実現する授業改善のために、これまで実施されてきた教育課程の実施状況の評価のみならず、教科・領域等の横断的な編成や地域社会の人的・物的資源を活用した「社会に開かれた教育課程」など、柔軟なカリキュラム編成を行う「カリキュラム・マネジメント」が求められている。

(小柳　亜季)

第６章

児童生徒の学習評価と大学入試改革

石田智敬／西岡加名恵

本章では、２０１０年頃から現在に至るまでの、初等中等教育における学習評価（指導要録）、および、高大接続（大学入試）改革に関する政策動向について、⑴当該政策が提起された背景、⑵目指している方向性とその特質、⑶投げかけられている期待と懸念といった視点から整理していく。

1 2019年改訂指導要録が提起する学習評価改革

(1) 指導要録の概要と改訂の背景

小学校、中学校、および、高等学校における成績評価は、一般的に、学期末や学年末に「通信簿」や「通知表」といった形式で、生徒やその保護者に向けて提示される。これら通知表や通信簿を作成する原簿となっているのが、指導要録である。指導要録とは、学校教育法に基づいてその作成と保存が義務づけられた法定文書であり、「児童生徒の学籍ならびに指導の過程及び結果の要約を記録し、その後の指導及び外部に対する証明等に役立たせるための原簿」である。[(1)] 指導要録には、児童生徒の成績が「評定」として記録されており、上級学校への進学や就職の際における成績証明という機能を果たしている。したがって、指導要録の形態は、学校でどのように学習評価が行われるのかという基本的枠組みを規定するものであり、初等中等教育の評価政策において、とりわけ重要な位置にある。第1節では、2019年改訂指導要録に焦点をあわせ、関連する諸政策文書を読み解くことで、どのような学習評価のあり方が提起されているのか検討していく。

指導要録の改訂は、約10年に一度改訂される学習指導要領の改訂と合わせて行わ

(1) 中央教育審議会初等中等教育分科会教育課程部会「児童生徒の学習評価の在り方について(報告)」(2010年3月24日)。

れ、その際、学習評価に関する基本的な考え方や方針が示される。2017・2018年に学習指導要領の改訂が行われ、それに続いて、2019年1月中央教育審議会初等中等教育分科会教育課程部会は、「児童生徒の学習評価に関するワーキンググループ」での議論を踏まえ、「児童生徒の学習評価の在り方について（報告）」（以下、「報告」とする）を公表した。そして、2019年3月文部科学省は、この「報告」に基づいて「小学校、中学校、高等学校及び特別支援学校等における児童生徒の学習評価及び指導要録の改善等について（通知）」を発出し、指導要録や学習評価に関する基本的な考え方を示した。この改訂では、2017・2018年の学習指導要領改訂で目指された、教科横断的な「資質・能力」ベースの改革を、学習評価においても貫くことが意図されている（第2章も参照）。

以下では、どのような指導要録改訂がなされたのか、どのような学習評価のあり方が提示されているのかについて、先に示した政策文書を中心に読み解いていこう。

(2) 学習評価の基本的な枠組みとその考え方：新3観点の提起

まず、学習評価の基本的な枠組みを示す新たな評価の観点についてみていこう。なお、以下に説明する新3観点は、「観点別評価」という考え方に基づくものである。観点別評価という考え方は、各教科の総合評定を直接的に導くのではなく、まず各観点ごとに評価を行い、その後各観点を合算することで総合評定を算出すると

◆資料１　小学校における指導要録の参考様式（一部抜粋）

各教科の学習の記録

教科	観点＼学年	1	2	3	4	5	6
国語	知識・技能						
	思考・判断・表現						
	主体的に学習に取り組む態度						
	評定						
社会	知識・技能						
	思考・判断・表現						
	主体的に学習に取り組む態度						
	評定						
算数	知識・技能						
	思考・判断・表現						
	主体的に学習に取り組む態度						
	評定						
理科	知識・技能						
	思考・判断・表現						
	主体的に学習に取り組む態度						
	評定						
生活	知識・技能						
	思考・判断・表現						
	主体的に学習に取り組む態度						
	評定						
	知識・技能						

特別の教科　道徳

学年	学習状況及び道徳性に係る成長の様子
1	
2	
3	
4	
5	
6	

外国語活動の記録

学年	知識・技能	思考・判断・表現	主体的に学習に取り組む態度
3			
4			

総合的な学習の時間の記録

学年	学習活動	観点	評価

出典：文部科学省「小学校、中学校、高等学校及び特別支援学校等における児童生徒の学習評価及び指導要録の改善等について（通知）2019年３月29日」。

いうものである。これまでの指導要録においては、「関心・意欲・態度」「思考・判断・表現」「技能」「知識・理解」という四つの観点が、主に設定されていた。また、一部の教科においては、その教科の特性を踏まえ、独自の観点が設定されている場合もあった。だが、今回の指導要録改訂では、育成すべき「資質・能力」の三つの柱（「知識及び技能」「思考力、判断力、表現力等」「学びに向かう力、人間性等」）と整合性・対応関係をもたせるべく、三つの観点（「知識・技能」「思考・判断・表現」「主体的に学習に取り組む態度」）で、全教科の観点が構成されることとなった。このように、全教科が前記の三つで統一された背景には、育成すべき「資質・能力」を教

◆図1　各教科における評価の基本構造

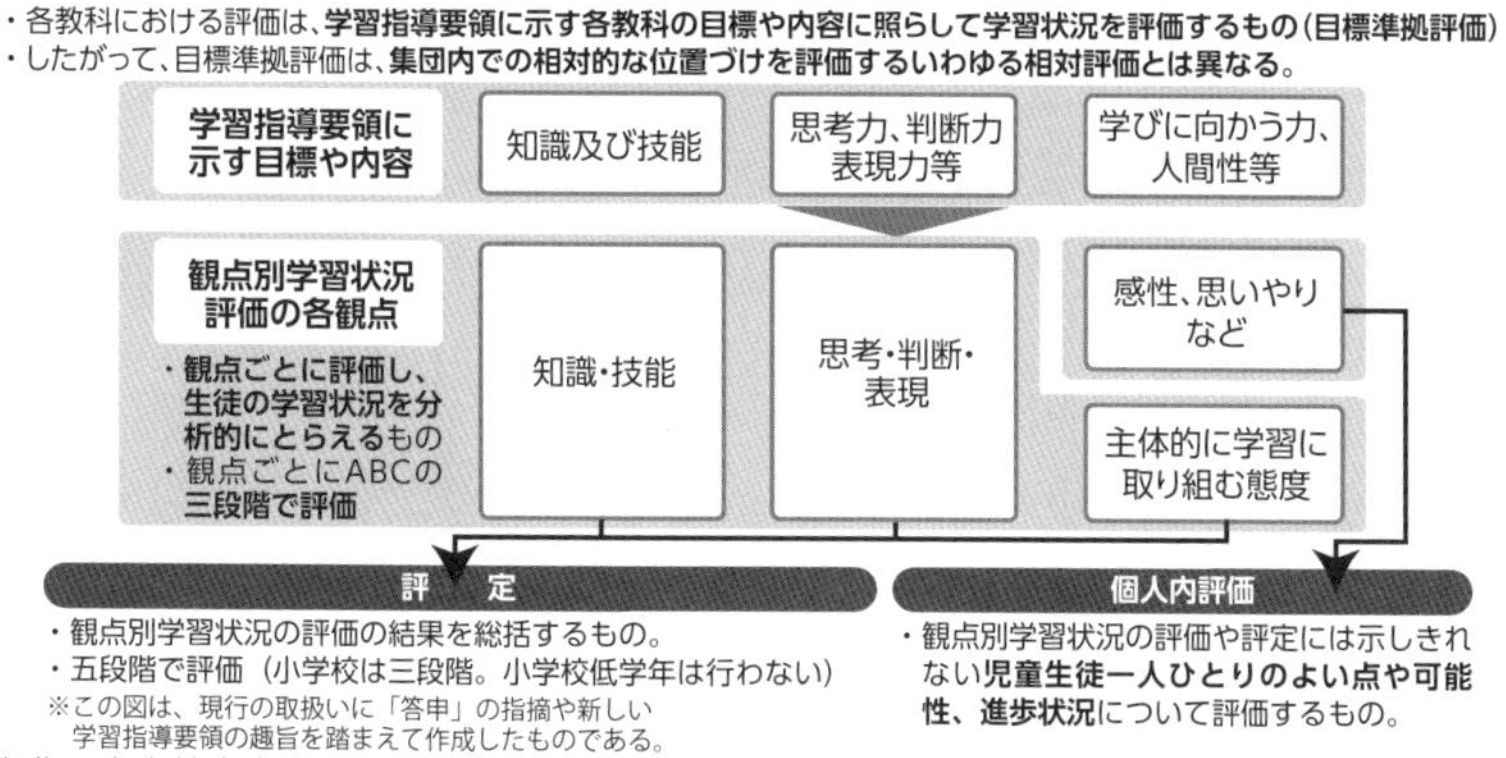

出典：中央教育審議会初等中等教育分科会教育課程部会「児童生徒の学習評価の在り方について（報告）」（2019年1月21日）、6ページ。

科横断的な視点で育成していこうという意図がある（「知識ベースのカリキュラム」から「資質・能力ベースのカリキュラム」へ）。

では、各観点がどのような学力をみとるものであり、各観点ではどのような評価方法が推奨されているのかみていこう。まず、「知識・技能」の観点は、各教科等において習得すべき知識や技能を身につけているかどうかを評価するものであり、他の学習や生活の場面でも活用できる程度に概念等を理解したり、技能を習得したりしているかを評価するものと規定されている。すなわち、事実的な知識や個別的な技能の習得（暗記と再生）のみならず、概念理解を重視する方向性が強調されたのである。「知識・技能」の具体的な評価方法としては、ペーパーテストにおいて、事実的な知識の習得を問う問題と知識の概念的な理解を問う問題とのバランスを大切にした上で、児童生徒が文章による説明をしたり、式やグラフで表現したりする長文記述・論述形式の問題を取り入れることが推奨されている。

次に、「思考・判断・表現」の観点は、各教科等の知識および技能を活用して課題を解決するために必要な思考力、判断力、表現力等を身につけているかどうかを評価するものと規定されている。「思考・判断・表現」の具体的な評価方法としては、ペーパーテストのみならず、論述課題やレポート課題、プレゼンテーション発表、作品の制作や表現等の多様な活動、ポートフォリオの活用などが推奨されている。

以上の二つの観点は、各目標（「資質・能力」の三つの柱）と各評価の観点とが一対一で対応するように設定されている。ただし、「学びに向かう力、人間性等」の目標に関しては、評定行為に馴染まない内容を一部含むため、そのうちの「主体的に学習に取り組む態度」の側面は評定の対象としつつも、「感性、思いやりなど」の側面は成績評定を行わないこととなった（「個人内評価」、すなわち記述方式で実施する）。成績評定が行われることとなった情意領域、すなわち「主体的に学習に取り組む態度」の観点は、授業態度等ではなく、メタ認知的な自己調整や学習への粘り強い取り組みとして理解されるものと位置づけられた。また、この観点は、他の二つの観点(「知識・技能」「思考・判断・表現」)と切り離さずに評価するべきものと位置づけられた。

以上の「主体的に学習に取り組む態度」(旧「関心・意欲・態度」)の観点に関しては、従来からその運用実態に対して多くの問題が報告されており、とりわけ多くのページ数が割かれて説明が行われている。次にその内実を詳しくみていこう。

(3) 「主体的に学習に取り組む態度」の基本的な考え方と方向性

「報告」では、従来の「関心・意欲・態度」の観点について、「挙手の回数や毎時間ノートを取っているかなど、性格や行動面の傾向が一時的に表出された場面を捉える評価であるような誤解が払拭し切れていない」との課題が指摘された。また、一部の教育研究者からは、「関心・意欲・態度」の観点の現状について、テストの点が良くても授業態度が悪いと成績がもらえないので、やる気をアピールし器用に振る舞えた子どもが得をするといった具合に、評価が生徒指導的な機能を果たしているとも指摘されている。[2]

このような問題は、そもそも評定することが困難である情意領域を、他の観点と同様にABCの3段階で評定の対象としていることによって生じている。ワーキンググループ内における議論の過程では、一部の委員から、情意領域の評価は、たとえば、個人内評価として行う、「行動の記録」欄のように◯印をつける形式とする、

(2) 石井英真「新指導要録の提起する学習評価改革」石井英真・西岡加名恵・田中耕治『小学校新指導要録改訂のポイント』日本標準、2019年、16~23ページ。

ABCで評価しても総合判定には合算しない、総合評定欄を廃止し分析評定で一本化する、といった提案も行われた。しかし、最終的には、新たな「主体的に学習に取り組む態度」の観点も、従来と変わらず3段階で評価することとなった。ただし、観点別評価の判定も評定の一種であると位置づけが改められ、総合評定と同列で示されることとなった。こうした変化は、総合評定の廃止に向けた布石ともとらえることができるだろう。

先述のとおり、「主体的に学習に取り組む態度」の観点は、授業態度ではなく、メタ認知的な自己調整や学習への粘り強い取り組みとして理解されるものと位置づけられている。この点に関して「報告」では、「主体的に学習に取り組む態度」の考え方について、「単に継続的な行動や積極的な発言等を行うなど、性格や行動面の傾向を評価するということではなく［中略］自らの学習状況を把握し、学習の進め方について試行錯誤するなど自らの学習を調整しながら、学ぼうとしているかどうかという意思的な側面を評価すること」と説明されている。そして、「主体的に学習に取り組む態度」の観点は以下の二つの側面で理解されると概念規定がされている。「①知識及び技能を獲得したり、思考力、判断力、表現力等を身につけたりすることに向けた粘り強い取り組みを行おうとする側面」と、「②①の粘り強い取り組みを行う中で、自らの学習を調整しようとする側面」という二つの側面である。

以上の考え方に則る「主体的に学習に取り組む態度」の具体的な評価方法につい

て、「報告」では、ノートやレポート等における記述、授業中の発言、教師による行動観察や、児童生徒による自己評価や相互評価等の状況を教師が評価を行う際に考慮する材料の一つとして用いることなどが推奨されている。また、「主体的に学習に取り組む態度」の評価は、知識及び技能を習得させたり、思考力、判断力、表現力等を育成したりする場面に関わって行うものであり、この観点のみを取り出して、たとえば挙手の回数など、その形式的態度を評価することは適当ではなく、他の観点に関わる児童生徒の学習状況と関連づけてとらえる必要があると指摘されている。このように「主体的に学習に取り組む態度」の観点を個別的に評価せず、他2観点と関連をもって評価する方針が明確化されているのである。

以上の新3観点の提起は、「資質・能力」の育成を目指す学習指導要領改訂の方向性と歩調を合わせて、各観点の概念規定・位置づけ・関係性などを明確化したという点で、一定の意義が認められる。ただし、今回の新3観点の導入においては、以下の課題が残されていると言えよう。まず、総合評定を行う際の各観点の比重の考え方が統一的に明示されなかったということである。総合評定を算出する際の各観点の重みづけは、各学校などに委ねられているために、場合によっては、これまでも懸念されていた「態度主義的な評価」の傾向性が以前に増して強くなる危険性を孕む。なぜなら、観点が三つで整理されたことにより、仮に各観点が対等に扱われた場合、情意領域の割合が25％から33％に増加することになるからである。

次に、情意領域の観点に関することである。今回の改訂において、「主体的に学習に取り組む態度」の観点は、メタ認知的な自己調整といった認知的側面との結びつきを強調する形で概念規定された。けれども、それらを評価する適切な方法が十分確立されているとは言えないために、表面的な振る舞いや授業態度などでこの観点が評価されてしまう可能性を払拭しきれていない。というのも、これまでも「関心・意欲・態度」の観点は、学習・授業態度などで評価を行うものではないとされてきたにもかかわらず、それらに基づいてこの観点の評価が行われることも少なくなかったという状況があるからである。

(4) 指導と学習の改善に活きる評価の強調、およびその他の改訂ポイント

次に、指導と学習の改善に活きる学習評価という考え方の強調についてみていこう。本改訂では、指導と学習を改善するための羅針盤として評価行為をとらえること（すなわち、評価の形成的機能）が重要であると、従来に引き続いて強調されている。「報告」では、「特に指導と評価の一体化を図るためには、児童生徒一人一人の学習の成立を促すための評価という視点を一層重視することによって、教師が自らの指導のねらいに応じて授業の中での児童生徒の学びを振り返り学習や指導の改善に生かしていくというサイクルが大切である」と指摘される。また、2017・2018年版学習指導要領では、カリキュラム・マネジメントの考え方が強調され

た背景もあり、「報告」では、「『学習指導』と『学習評価』は学校の教育活動の根幹であり、教育課程に基づいて組織的かつ計画的に教育活動の質の向上を図る『カリキュラム・マネジメント』の中核的な役割を担う」とも指摘されている。すなわち、カリキュラム・マネジメントの中心的な役割としての学習評価という位置づけが示されたのである。

「報告」では、指導と学習の改善に活きる評価という考え方が従来から提起されていたにもかかわらず、評価の形成的機能はこれまで十分に活かされてこなかったと指摘されている。実際、「指導と評価の一体化」が政策的にも強調されて久しいが、こうした考え方が学校現場において十分に浸透しているとは言い難い状況にある。たとえば、「報告」では、「学期末や学年末などの事後での評価に終始してしまうことが多く、評価の結果が児童生徒の具体的な学習改善につながっていない、教師によって評価の方針が異なり、学習改善につなげにくい、教師が評価のための『記録』に労力を割かれて、指導に注力できない、相当な労力をかけて記述した指導要録が、次学年や次学校段階において十分に活用されていない」と指摘されている。

以上のような背景のもと、今回の改訂では、学習評価のあり方について、「①児童・生徒の学習改善につながるものにしていくこと、②教師の指導改善につながるものにしていくこと」の2点が強調された。従来は、「指導と評価の一体化」というスローガンの下に、②の視点、つまり評価行為を通した教師の指導の改善がとくに強調されていた。ただし、今回の改訂では、①の視点、つまり評価行為を通じた学習の改善の視点も併せて強調されており、言うなれば「学習のための評価(assessment for learning)」という考え方が盛り込まれたと言えよう。(3)

この点に関して、「報告」では「これまで、評価規準や評価方法等の評価の方針等について、必ずしも教師が十分に児童生徒等に伝えていない場合がある［中略］どのような方針によって評価を行うのかを事前に示し、共有しておくことは、評価の妥当性・信頼性を高めるとともに、児童生徒に各教科等において身につけるべき資質・能力の具体的なイメージをもたせる観点からも不可欠であるとともに児童生徒に自らの学習の見通しをもたせ自己の学習の調整を図るきっかけとなることも期待される。また、児童生徒に評価の結果をフィードバックする際にも、どのような方針によって評価したのかを改めて共有することも重要である」と指摘されている。つまり、このような考え方（学習評価における①の視点）では、教師のみならず、学習者をも評価の行為主体としてとらえることで、学習者自身に学習改善の舵取りを求め、評価活動における学習者自身の役割を強調するのである。こうした考え方は、「主体的に学習に取り組む態度」の観点において、メタ認知的な自己調整という考え方が強調されたことと歩調を合わせていると言えよう。

最後に、その他改訂事項について、簡潔にみていこう。

---

(3) こうした展開の背景には、形成的アセスメントに関する研究（フィードバック・自己調整学習論を含む）の世界的な進展がある。なお、日本における教育評価論の展開については、田中耕治・西岡加名恵・石井英真『新しい教育評価入門』有斐閣、2015年を参照。

(1) すでに小学校・中学校においては全面実施されている観点別評価を、高等学校においても実施していくこととなった。この背景には、定期考査の結果のみで成績付けを行う傾向性が強い高等学校において、より多様な評価方法を取り入れていくこと、そして、三つの柱の各目標に適した評価方法を導入することで、多面的な「資質・能力」の育成を保障していこうとする意図がある。また、このような展開は、大学入試改革を含む高大接続改革の動向とも連動している。

(2) 「特別の教科道徳」が導入されることに伴って、「特別の教科道徳」の文章記述による評価欄が加わった。「特別の教科道徳」の評価では、その他の教科とは異なって数値による評定が相応しくないことから、設定された観点に照らして、子どもの学びの姿を記述するという形式が採用された。政治主導の側面が強かった「道徳の教科化」に際しては、道徳が教科化されることで道徳の成績評価が行われるということが重要な論争点となった。こうした懸念の高まりから、記述式の評価が採用されることとなった。

(3) 外国語活動の評価は、正式な教科ではないために、記述による評価という位置づけであった。ただし、小学校5・6年生では、外国語が正式な教科となったために、数値による評定が行われることとなった。なお、3・4年生で新たに導入された外国語活動では、従来と変わらず、記述による評価が行われる。

(4) 文章で記述する評価項目や所見欄は、「記録のための記録」ともいうべき問題が現れていたとの指摘もあり、教員の負担を軽減するという意図から、必要最低限の記述にとどめることを心がけることが周知された。よって、従来と比較して記述による評価を行う記入欄が簡素化されることとなった。

2 大学入試改革の動向

(1) 改革の背景

第2節では、大学入試改革を含めた高大接続改革の動向に注目する。2017・2018年の学習指導要領改訂の一つの特徴は、大学入試改革と並行して議論が行われたことであった。そこで次に、日本で進む大学入試改革の背景と現状、今後の課題について検討してみよう。

近年の大学入試改革は、高大接続改革の一部として位置づけられている。一連の高大接続改革については、首相官邸に置かれた教育再生実行会議、ならびに文部科学省の中央教育審議会や高大接続システム改革会議などで議論が重ねられた。(4)

それらの議論においては、まず、知識基盤社会への転換、グローバル化といった「将来の予測が困難な時代」において、大学の機能強化が求められることが強調された。具体的には、アクティブ・ラーニングの導入や、卒業認定の厳格化などが目

(4) 議論の経緯については、西岡加名恵「大学入試改革の現状と課題」『名古屋高等教育研究』第17号、名古屋大学高等教育研究センター、2017年、197~217ページを参照。

◆図2　2019年度入試における大学入試センター試験利用状況

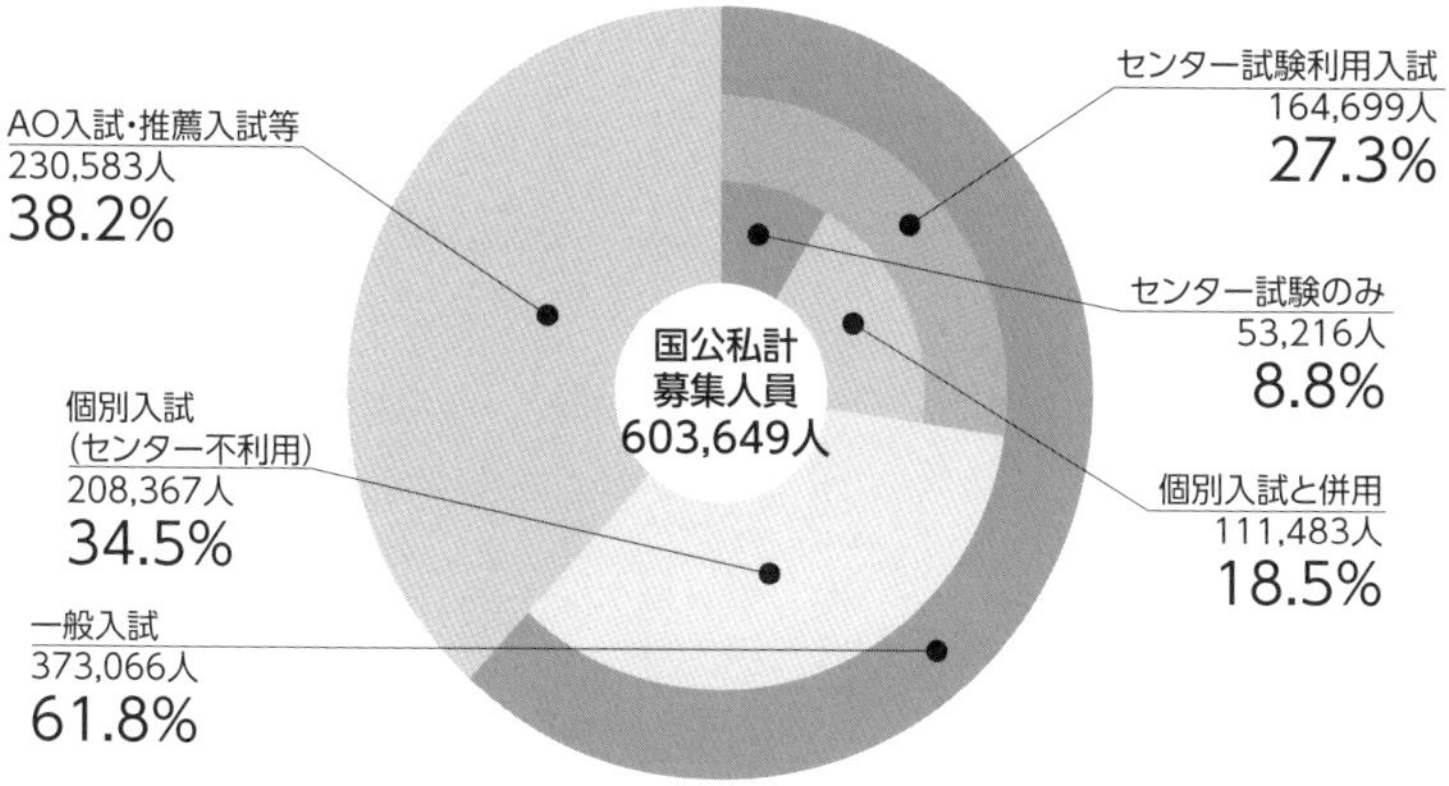

出典：『大学入試のあり方に関する検討会議』第16回（2020年10月27日）参考資料より。

指された。

また、大学入試が機能不全に陥っていることが問題視された。日本においては、少子化が進む中で、志願者数と入学者数の差が縮まる、いわゆる「大学全入時代」が到来している。そうした中で、ＡＯ入試や推薦入試を経由した入学者が大きく増加し、入試方法の多様化が進んでいる。一般入試を経由した入学者は、２０００年度には65・８％であったが、２０１９年度には53％に減少している。選抜性の高い大学では、大学入試センター試験と個別試験（各大学が個別に行う入学者選抜）を併用する例が多いが、２０１９年度にそのような形で募集された人員は全体の18・５％に過ぎなかった（図２参照）。威信のある大学においては幅広い教科の学力が高い水準で求められるなど大学入試の選抜性が維持されているのに対し、定員確保に困難を抱える大学では事実上「学力不問」の入試が広がっている。[5] つまり、「エリート選抜」と「マス選抜」の二重構造[6]と言われるような状況が続いている。大学入学者に十分な学力が身についていないため、「高等学校段階の教育内容を扱う補習授業を実施」する大学は、378大学（全体の51％）にも上っている。[7]

大学入試が高校生の学習の動機づけとなる範囲は今や限定的であり、高校生の学力水準や学習意欲の低下が問題となっている。「平日、学校の授業時間以外に全く又はほとんど勉強していない者は、高校3年生の約4割」を占め、「高校生の学校外の平均学習時間については、中上位層には大幅な減少からの改善傾向が見られるものの、下位層は低い水準で推移している」。また、「米中韓の生徒に比べ、日本の生徒は、『自分を価値ある人間だ』という自尊心を持っている割合が半分以下、『自らの参加により社会現象が変えられるかもしれない』という意識も低い」というデータもある。[8]

(2) 改革の具体像と挫折

以上のような状況を踏まえて、高大接続システム改革会議「最終報告」（2016年3月）では、「知識・技能」「思考力・判断力・表現力」「主体性を持って多様

(5) 高大接続システム改革会議「最終報告」（2016年3月31日）参照。
(6) 中村高康『大衆化とメリトクラシー——教育選抜をめぐる試験と推薦のパラドクス』東京大学出版会、2011年。
(7) 前掲「最終報告」参考資料参照。
(8) 同右。

な人々と協働して学ぶ態度」という「学力の3要素」を、多面的に評価する入試が推奨された。具体的には、次のような大学入試改革が進められることとなった。

まず、大学入試センター試験の後継として、大学入学共通テスト（以下、共通テスト）が導入されることとなった。共通テストにおいては、知識・技能の習得のみならず思考力・判断力・表現力を求める出題を増やし、とくに国語と数学で記述式問題を取り入れることが目指された。また、英語については、4技能の評価を実現するため、英検、TOEFLなどの民間試験を活用することが構想された。

しかし、新制度の入試が近づくにつれ、これらの改革については批判が噴出することとなった。まず、英語民間試験の活用については、受験機会の地域格差や受験生の費用負担が問題視され、2024年度以降に延期された。また、記述式問題については採点の信頼性に関する疑いの声が上がり、2021年度入試における出題が中止となった。

その後、記述式出題のあり方や英語4技能評価などをめぐっては、文部科学省の「大学入試のあり方に関する検討会議」（2019年12月設置）で議論が続けられた。検討会議の「提言」（2021年7月8日、以下「提言」）では、記述式問題の意義や必要性は改めて強調されたものの、共通テストでの出題は見送らざるをえないとの結論を出した。共通テストにおいては、マーク式問題の中で「知識の理解の質を問う問題や思考力・判断力・表現力等を発揮して解くことが求められる問題を重視した出題を一層工夫していくことが適切」と述べられている。延期されていた英語資格・検定試験を共通テストの枠組みの中で活用する構想については、地理的・経済的事情への対応が不十分、障害のある受検者への配慮が不十分といった課題を解決することは困難といった理由から、断念することを最終的に提言した。

一方で、各大学が実施する個別入学者選抜の改革も推進されている。2016年度入試において東京大学が推薦入試、京都大学が特色入試を導入し、2017年度入試から大阪大学が全学部でAO入試か推薦入試を導入・拡大するなど、従来、AO入試・推薦入試を活用していなかった威信の高い大学でも、入試方法の多様化が進んでいる。なお、2019年には学校教育法施行規則と大学設置基準が改正され、すべての大学に、「学位授与の方針」(ディプロマ・ポリシー)、「教育課程編成・実施の方針」(カリキュラム・ポリシー)、「入学者受入れの方針」(アドミッション・ポリシー)という三つのポリシーの策定・公開が義務づけられることとなった。さらに、AO入試・推薦入試は、2021年度入試より総合型選抜、学校推薦型選抜という名称に変更され、学力評価が必須化された[9]。ただし、定員確保に困難を抱える大学において、学力評価がどれだけ実質化できるのかについては疑問が残る。

高校生の学習・活動歴を評価する入試も推進された。とくに「主体性を持って多様な人々と協働して学ぶ態度」を評価するための一つのツールとしては、文部科学省の大学入学者選抜改革推進委託事業(2016年度~2018年度)により

(9) 高等教育局長「平成33年度大学入学者選抜実施要項の見直しに係る予告について(通知)」(2017年7月13日)。

JAPAN e-Portfolioが開発された。その後、一般社団法人教育情報管理機構が許可を得て、その運営を引き継いだ。しかし、大学側の理解が進まず利用大学数が伸び悩み、債務超過が見込まれたことにより、2020年8月に認可が取り消されてしまった。このようにJAPAN e-Portfolioは頓挫したものの、総合型選抜（旧AO入試）や学校推薦型選抜（旧推薦入試）の個々の事例においては、電子化されていない形態でのポートフォリオを入試の評価資料とする例が見られることに注目しておきたい。

なお、文部科学省では、グローバル人材育成の観点から、国際バカロレア（IB）の普及・拡大を推進する動きも見られる。2013年には国際バカロレア認定校等の大幅な増加（2018年までに200校）が目指され、2018年には文部科学省IB教育推進コンソーシアムが立ち上げられた。しかしながら、2020年11月時点で、国際バカロレア認定校等数は161校にとどまっている。学校教育法第1条で規定された学校が国際バカロレアの認定校になるためには、学校教育法等関係法令と国際バカロレア機構の定める教育課程の双方を満たす必要があり、各学校のカリキュラム編成には困難が伴う。また、認定を受けるための費用も高額であり、通常の学校には手が届かない。国際バカロレアを活用した大学入試を導入・拡大する動きも見られるものの、現状では限定的である。

「提言」では、大学入学者選抜に求められる原則として、次の3点を確認している。「当該大学での学修・卒業に必要な能力・適性等の判定」、「受験機会・選抜方法における公平性・公正性の確保」、「高等学校教育と大学教育を接続する教育の一環としての実施」である。また、「一般選抜と総合型選抜・学校推薦型選抜との役割分担」、「一般選抜における大学入学共通テストと個別試験との役割分担」を踏まえた、総合的な検討が重要と述べている。しかしながら、「エリート選抜」と「マス選抜」が併存している、また共通テストと個別試験の組み合わせで大学入試を受ける受験生の割合が減っている、といった現状を踏まえれば、高等学校の調査書における評価の比較可能性を高めるといった新たな仕組みを構築することによって、高等学校における多面的な評価を実現しつつ全体の学力水準を高めるといった新たな改革構想を追求すべき時が来ているように思われる。(10)

(第1節 石田、第2節 西岡)

(10) 西岡加名恵「高大接続改革の到達点と今後の課題」西岡加名恵・石井英真編著『学力テスト改革を読み解く！「確かな学力」を保障するパフォーマンス評価』明治図書、2021年、22～33ページ参照。

第7章

大学の教育課程の改革動向

本宮裕示郎／石井英真

本章では、大学審議会や中央教育審議会の答申等を中心に、大学の教育課程の改革動向を整理していく。第1節では、大学設置基準の大綱化からグランドデザイン答申に至るまで、改革動向を概観し、第2節では、コンピテンシー・ベースの改革を切り口に、「大学の学校化」が加速している要因を考察する。

1 年代ごとの改革動向：大綱化からグランドデザイン答申に至るまで

1991年6月の大学設置基準の大綱化によって、各大学は独自の教育課程を柔軟に編成できるようになり、大学の多様化・個性化が推し進められていった。しかし、その後に大学審議会や中央教育審議会から矢継ぎ早に出される答申等では、教育課程編成（何をどのように配列するか）や教育方法（どのように教えるか）、教育内容（何を教えるか）に関する具体的な方針や手立てが提言された結果、教育目標の明確化・共通化、さらには教育課程の体系化・組織化へと改革の重心が移されるようになり、2000年代後半以降になると、「大学の学校化」にますます拍車がかかっている。どのような過程を経てグランドデザイン答申へと辿りついたのか、まずは、年代ごとに改革動向を概観していく。

(1) 1990年代の改革

1987年に、文部大臣の諮問機関として大学審議会が設置された。大学審議会は、2001年の中央省庁再編によって中央教育審議会大学分科会に改組されるまで、計28本の答申・報告を出している。なかでも、最も影響を与えたと言われる答申が、1991年2月8日に出された「大学教育の改善について」である。[1]

この答申の骨子は、「大学設置基準の大綱化・簡素化」と「大学の自己点検・評価システムの導入」の2点にあった。大学設置基準とは、教員の資格や収容定員、教育課程、卒業要件など、大学を新設・運営するために必要な最低基準を定めた文部科学省（文部省）の省令である。この答申では、一般教育や専門教育などの科目区分の廃止や、科目区分ごとの最低修得単位数の廃止など、大学設置基準の規定の緩和が求められた。それは、教育課程編成に関して、大学の自律性や個性を大幅に認める一方で、自己点検・評価システムの導入により、大学自らの責任で教育・研究の質を保証することも合わせて要求する提言であった。

ここでの提言に沿うかたちで、同年6月に文部省は大学設置基準の改正を行い、設置基準が大綱化された。科目区分と科目区分ごとの最低修得単位数がともに廃止され、卒業に必要な総単位数のみが規定された。その結果、大学独自の自由な教育課程編成が可能になった。なお、改正された大学設置基準では、「教育課程」と題する章（第六章）が初めて設けられた。[2] そこでは、「教育上の目的を達成するために、必要な授業科目を開設し、体系的に教育課程を編成するものとする」とされ、教育課程の編成方針については、「学部等の専攻に係る専門の学芸を教授するとともに、幅広く深い教養及び総合的な判断力を培い、豊かな人間性を涵養するよう適切に配慮しなければならない」と明記された。つまり、大学設置基準の大綱化によ

(1) 川嶋太津夫「日本の大学は、なぜ変わらないのか？ 変われないのか？――4半世紀にわたる個人的体験を通して」佐藤郁哉編著『50年目の「大学解体」20年後の大学再生—高等教育政策をめぐる知の貧困を越えて』京都大学学術出版会、2018年、111ページ。

(2) 松下佳代「大学カリキュラム」京都大学高等教育研究開発推進センター『生成する大学教育学』ナカニシヤ出版、2012年、30ページ。

って、教育課程編成における各大学の自律性と個性が尊重されつつも、学問の深さ（専門性）と広さ（一般性）の追求も見込まれていた。

１９９８年10月26日に出された大学審議会答申「21世紀の大学像と今後の改革方策について――競争的環境の中で個性輝く大学――」（以下「21世紀答申」という）の副題に象徴されるように、大綱化以降、大学の多様化・個性化が推し進められていく。21世紀答申や、その前年の１９９７年12月18日に出された大学審議会答申「高等教育の一層の改善について」では、大学の多様なあり方として、「研究志向の大学」、「専門的な職業能力の養成に力点を置く大学」、「総合的な教養教育の提供を重視する大学」などが例示され、各大学の教育理念や特色に合わせた多様化・個性化の追求が期待されている。なお、多様化・個性化が推進された背景には、21世紀答申と同時期に審議が行われていた行政改革会議の議論があったことも指摘されている。[3] １９９７年12月に出された行政改革会議の最終報告では、行政機能の減量（アウトソーシング）と効率化が提言され、その後、２００４年に法人化されることになる国立大学についても、独立行政法人化が選択肢の一つとして挙げられていた。

大学の多様化・個性化が推進される一方で、教育課程編成に関しては、各大学の自主的な判断に委ねた結果、専門教育が重視され、大綱化にともない姿を消した一般教育の代わりに登場した教養教育[4]が軽視される傾向が顕著となっていく。こうし

(3) 川嶋、前掲論文、１２６ページ。

(4) 杉谷祐美子「混迷

た傾向に歯止めをかけるべく、「高等教育の一層の改善について」では、教養教育を高等教育全体の大きな柱とみなし、教養教育の目的と方法の再考を各大学の工夫に期待すると同時に、大学設置基準での教育課程の編成方針に鑑みて、専門教育と教養教育のバランスのとれた体系的な教育課程編成を要求した。

続く21世紀答申でも、教養教育軽視が危惧されていた。21世紀答申では、「自ら学び、自ら考える力」の育成を目指す初等中等教育との接続を意識した、課題探求能力の育成が大学共通の教育目標として示された。課題探求能力とは「主体的に変化に対応し、自ら将来の課題を探求し、その課題に対して幅広い視野から柔軟かつ総合的な判断を下すことのできる力」のことを指す。なかでも、課題探求能力を育成するために、学部段階の教育課程については、専門性のいっそうの向上を図る大学院との区別から、教養教育と専門分野の基礎・基本を重視した編成が求められた。

(2) 2000年代の改革

2000年代に入ってからも、教養教育軽視に対する警鐘が繰り返し鳴らされる。2000年11月22日に出された大学審議会答申「グローバル化時代に求められる高等教育の在り方について」では、大学の多様化・個性化路線を継続しながら、改革の方向としては、グローバル化の進展を受けて、国際的な通用性・共通性の向上と国際競争力の強化が掲げられた。各大学には、21世紀答申で示された課題探求能力

する教養教育と高等教育との接続関係」杉谷祐美子編『大学の学び―教育内容と方法（リーディングス日本の高等教育　第2巻）』玉川大学出版部、2011年、14ページ。

を参考にして、新しい時代の教養とは何かを問い直し、教養教育重視の方向で学部段階の教育課程の見直しを図ることを求めた。さらに、2002年2月21日に出された中央教育審議会答申「新しい時代における教養教育の在り方について」では、教養教育に関して「質の高い教育を提供できない大学は将来的に淘汰されざるを得ない」とまで謳われている。

この答申では、新しい時代に求められる教養を「個人と社会がかかわり、経験を積み、体系的な知識や知恵を獲得する過程で身に付ける、ものの見方、考え方、価値観の総体」と定義したうえで、各大学には、それぞれの教育理念に基づく教養教育の構築を求めた。そのための教育方法として、グレートブックスと呼ばれる、和漢洋の古典を中心とする書物等のリストの提示などが奨励されている。

このように、2000年代前半までは、大学の多様化・個性化を求める一方で、教育課程編成については、教養教育と専門教育のバランスの要求に重心が置かれていた。しかし、2000年代中頃以降は、教育目標の明確化・共通化、さらには教育課程の体系化・組織化へと、その重心が徐々に移されていく。2005年1月28日に出された中央教育審議会答申「我が国の高等教育の将来像」（以下「将来像答申」という）でも、大学の多様化・個性化路線と、教養教育と専門基礎教育からなる学部段階の教育課程編成を求める姿勢に基本的には変更はない。将来像答申では、その名のとおり、2020年頃までを見据えた中長期的な高等教育の全体像が示されている。

なかでも、学部段階の共通の教育目標として提起された21世紀型市民の考え方にはその後の方針転換の萌芽が見いだされる。21世紀型市民とは、「専攻分野についての専門性を有するだけでなく、幅広い教養を身に付け、高い公共性・倫理性を保持しつつ、時代の変化に合わせて積極的に社会を支え、あるいは社会を改善していく資質を有する人材」のことである。この定義の前半部にある「専門性」と「幅広い教養」や「高い公共性・倫理性」の併記からは、大学設置基準での教育課程の編成方針との連続性が見られる。しかし、後半部の「時代の変化に合わせて積極的に社会を支え、あるいは社会を改善していく資質を有する人材」という表記からは、大学設置基準での編成方針と比べると、より明確な教育目標を共通化しようとする意図を汲みとることができる。

多様化・個性化からの方針転換は、2008年12月24日に出された中央教育審議会答申「学士課程教育の構築に向けて」(以下「学士課程答申」という)でより顕著なものとなる。将来像答申では、高等専門学校から大学院までの高等教育全体の向かうべき方向性が示されていたのに対して、学士課程答申では、学部段階の教育の具体的なあり方が提言されている。

なお、将来像答申で、教育の充実のために学士・修士などの学位を与える課程中心の考え方に再整理する必要性が指摘されたことを踏まえ、学士課程答申以降、学部段階の教育を指す用語として学士課程教育が使われることになった。学士課程答申では、一方では、大学の多様化・個性化による成果の着実な積み上げを認めつつ、他方では、大学の多様化・個性化が、大学とは何かという問題意識を希薄化させ、単なる無秩序を招き、結果的に、日本の大学全体の国際的な信用や信頼性を失墜させかねない事態に陥っていることへの危惧が表明されている。大学設置基準の大綱化以降、伝統的な学問分野にこだわることなく広がりを見せていた学部・学科等の組織名称や、学位に付記する専攻分野の名称の多様化についても、多様化・個性化がもたらした無秩序の一例と見なされた。

学士課程答申では、こうした問題意識のほかにも、大学改革の国際的な流れが、学生が修得すべき学習成果の明確化によって、「何を教えるか」よりも「何ができるようになるか」に力点が置かれていることを受けて、これまでの答申で提言されてきた、課題探求能力や21世紀型市民からもう一歩踏み込んで、学士課程教育の学習成果を示す共通の教育目標として学士力が掲げられた。それは、学士課程教育における最低限の共通性を担保するものであり、「知識・理解」、「汎用的技能（コミュニケーション・スキルや数量的スキル、問題解決力など）」、「態度・志向性（自己管理力やチームワーク、倫理観、社会的責任など）」、「統合的な学習経験と創造的思考力」という四つの項目で構成される。学士力の育成方法や評価方法については、各大学の自主性・自律性に委ねられているものの、あくまでも学士力に資することが前提とされており、大学の多様化・個性化から教育目標の明確化・共通化へと方針が確かに転換されている。

こうした転換に足並みを揃えるように、将来像答申や学士課程答申では、策定・公表がその後義務づけられることになる「ディプロマ・ポリシー」、「カリキュラム・ポリシー」、「アドミッション・ポリシー」という三つのポリシーについても、大学改革の根幹をなし、教育課程の体系化・組織化を実現するものとして、その重要性が強調されている。

(3) 2010年代の改革

2010年代に入ると、中等教育や大学卒業後の進路など、高等教育前後との接続を見据えながら、「何を身に付け、何ができるようになったか」を問う視点がいっそう強調されていく。2012年8月28日に出された中央教育審議会答申「新たな未来を築くための大学教育の質的転換に向けて~生涯学び続け、主体的に考える力を育成する大学へ~」(以下「質的転換答申」という)では、予測困難という時代認識に基づき、副題にある「生涯学び続け、主体的に考える力」を学生に身につけさせることが大学の責務と見なされている。これまでの答申等では、大学での教育(教え)という視点から改革が求められてきたのに対して、質的転換答申では、学生の主体的な学修(学び)に焦点をあわせて改革が求められている点に特徴がある。学士力についても、予測困難な時代に必要なものであり、「知識や技能を活用して複雑な事柄を問題として理解し、答えのない問題に解を見出していくための批判的、合理的な思考力をはじめとする認知的能力」、「人間としての自らの責務を果たし、他者に配慮しながらチームワークやリーダーシップを発揮して社会的責任を担いうる、倫理的、社会的能力」、「総合的かつ持続的な学修経験に基づく創造力と構想力」などが重要な要素に挙げられ、中身が再整理されている。

２０１４年12月22日に出された中央教育審議会答申「新しい時代にふさわしい高大接続の実現に向けた高等学校教育、大学教育、大学入学者選抜の一体的改革について」（以下「高大接続改革答申」という）では、初等教育から高等教育に至るまで、一貫的な視点から「生きる力」や「確かな学力」をとらえ直す必要性が指摘されている。

とくに、高等学校や大学での「確かな学力」については、２００７年6月改正の学校教育法で規定された学力の3要素が「社会で自立して活動するために必要な力」という観点からとらえ直されている。具体的には、学力の3要素が「主体性を持って多様な人々と協働して学ぶ態度（主体性・多様性・協働性）」を養うこと、その基盤となる「知識・技能を活用して、自ら課題を発見しその解決に向けて探究し、成果等を表現するために必要な思考力・判断力・表現力等の能力」を育むこと、さらにその基礎となる「知識・技能」を習得させることと整理され、大学においては、初等教育や中等教育での成果をさらに発展・向上させ、3要素を総合した学力を鍛錬することも提案されている。

主体性に重きを置く教育目標に関するこれらの一連の提言と並行して、教育方法の重要性も強調され、とりわけ、能動的学修（アクティブ・ラーニング）に期待が寄せられている。能動的学修とは、ディスカッションやディベート、実験・実技などを積極的に取り入れた双方向型の授業のことである。その狙いは、従来の高等教育で見られた知識の伝達・注入を中心とする一方向型の授業からの脱却を図り、学生が主体的に課題を見つけ解を見いだすことで、知的成長の場へと授業を転換させることにある。

ただし、受動的な教育から能動的な教育への転換は、２０１０年代に初めて提言されたわけではない。１９９０年代の答申ですでに、教員から学生への一方向型の授業に対して疑義が呈されたり、少人数教育の導入が提言されたりと、能動的な教育への転換が求められていた。大学設置基準の大綱化以降、能動的な教育を要求する声は一貫して上げられていたものの、２０１０年代に入って、学生の主体性を重視する声と重なりあうことで、その声がいっそう大きくなったのである。

従来の答申等では教育方法に比べて言及の少なかった教育内容についても、明確化・共通化を求める動きが活発になり始めている。21世紀答申や学士課程答申での提言を経て、大学生活への移行をスムーズにするための「初年次教育」や、職業生活へと接続するための「キャリア教育」が正規の教育課程に名を連ねるようになった。さらには、2000年代に医学教育分野でコア・カリキュラムが策定されたのを皮切りに、2010年代に入ってからは、獣医学や法科大学院、教職課程など、専門職養成教育の分野を中心にコア・カリキュラムが策定されている。

これらの質的転換を実現するための土台として、体系的で組織的な教育課程編成の重要性も強調されている。その象徴的なものが三つのポリシーである。能動的学修と同じように、1990年代から一貫して、教育課程の体系化・組織化を求める声は上がっていた。たとえば、シラバスの活用・充実や、カリキュラム・マップやナンバリング、CAP制の導入など、いわゆる「改革の小道具」[(5)]を求める提言は、1990年代や2000年代の様々な答申のなかで見ることができる。2010年代に入ると、これらの提言が三つのポリシーという旗の下に集められることになった。

先述のとおり、三つのポリシー自体も、早くは将来像答申や学士課程答申でその必要性が説かれていた。2014年の高大接続改革答申での提言を受けて、文部科学省は、翌年の2015年1月16日に出した「高大接続改革実行プラン」で、三つのポリシーの一体的な策定を各大学に義務づけることを公表した。その後、学校教育法施行規則の改正を経て、2017年4月から、すべての大学に対して三つのポリシーの策定と公表が法令上義務づけられた。中央教育審議会大学分科会大学教育

(5) 広田照幸『大学論を組み替える』名古屋大学出版会、2019年、72ページ。

部会は「『卒業認定・学位授与の方針』（ディプロマ・ポリシー）、『教育課程編成・実施の方針』（カリキュラム・ポリシー）及び『入学者受入れの方針』（アドミッション・ポリシー）の策定及び運用に関するガイドライン」（以下「ガイドライン」という）を2016年3月31日に公表している。

公表されたガイドラインは、それぞれの大学が三つのポリシーを策定し運用する際の指針として、留意すべき事項を整理したものである。質的転換答申同様、先行きの予測が困難な変化の激しい社会という時代認識のもとで、大学の役割を学術研究による新たな知の創造だけではなく、教育活動を通じた「生涯学び続け、主体的に考える力を持ち、未来を切り拓いていく人材」の育成と見なし、三つのポリシーの一体的な策定と、三つのポリシーに基づく教育改革を要求している。ガイドラインでは、それぞれのポリシーの基本的な考え方について、表1（次ページ）のように整理されている。

■表１　各ポリシーの基本的な考え方

ディプロマ・ポリシー	各大学、学部・学科等の教育理念に基づき、どのような力を身に付けた者に卒業を認定し、学位を授与するのかを定める基本的な方針であり、学生の学修成果の目標ともなるもの。
カリキュラム・ポリシー	ディプロマ・ポリシーの達成のために、どのような教育課程を編成し、どのような教育内容・方法を実施し、学修成果をどのように評価するのかを定める基本的な方針。
アドミッション・ポリシー	各大学、学部・学科等の教育理念、ディプロマ・ポリシー、カリキュラム・ポリシーに基づく教育内容等を踏まえ、どのように入学者を受け入れるかを定める基本的な方針であり、受け入れる学生に求める学習成果（「学力の３要素」※についてどのような成果を求めるか）を示すもの。 ※(1)知識・技能、(2)思考力・判断力・表現力等の能力、(3)主体性を持って多様な人々と協働して学ぶ態度

出典：中央教育審議会大学分科会大学教育部会「『卒業認定・学位授与の方針』（ディプロマ・ポリシー）、『教育課程編成・実施の方針』（カリキュラム・ポリシー）及び『入学者受入れの方針』（アドミッション・ポリシー）の策定及び運用に関するガイドライン」（２０１６年３月31日）、３ページ。

各大学は、それぞれの教育理念を踏まえて策定した三つのポリシーに基づいて、大学教育の「入り口」（入学者選抜）から「出口」（卒業認定・学位授与）までの教育活動を一貫的なものとして再構築すること、そして、点検・評価を通じた不断の改善に取り組みながら、体系的で組織的な大学教育を実施することが求められている。そのための具体的な手立てとして、カリキュラム・マップやナンバリングの活用など、従来の答申等でも言及されてきた「改革の小道具」の導入・推進が提言されている。

その後、2018年11月26日には、中央教育審議会答申「2040年に向けた高等教育のグランドデザイン」（以下、「グランドデザイン答申」という）が提出された。21世紀答申や将来像答申と同じように、グランドデザイン答申は、今後の高等教育政策の包括的な方向性を中長期的な視点から提言するものである。なお、2040年は、グランドデザイン答申が出された年に生まれた子どもが大学の学部段階を卒業する年に相当する。

グランドデザイン答申においても、ガイドライン同様、三つのポリシーに基づく体系的で組織的な高等教育の実現という基本方針に変更はない。ただし、これまで以上に、「学修者本位の教育」への転換が強調されている。教育課程編成についても、「何を教えたか」から「何を学び、身に付けることができたのか」への転換を改めて求めている。少人数教育の導入など、これまでの答申等でも見られた教育方法に関する提言だけではなく、教育内容についても、「単に個々の教員が教えたい内容ではなく、学修者自らが学んで身に付けたことを社会に対し説明し納得が得られる体系的な内容」で構成することが提言されている。こうした提言に象徴的に見られるように、教育内容についても、教員よりはむしろ学生の視点からその中身を精査する必要性が強調されており、「学修者本位の教育」への転換を見てとることができる。

(4) 改革動向の整理

本節では、大学設置基準の大綱化からグランドデザイン答申に至るまで、教育課程の改革動向を概観してきた。ここまで見てきたように、大綱化によって大学の多様化・個性化が期待されつつも、まず意識されたのは、教育課程における専門教育と教養教育のバランスであった。ところが、2000年代後半以降になると、過度な多様化・個性化による大学の無秩序化が危惧されるようになり、その結果、教育課程の体系化・組織化を図る動きが活発になっている。もちろん、それぞれの大学が掲げる教育理念がまったく無視されるようになったというわけではない。たとえば、体系化・組織化の象徴とも言える三つのポリシーについても、先述のとおり、各大学の教育理念に基づいて策定すべきものとされており、大綱化以降、それぞれの大学の教育理念を尊重する姿勢に変わりはない。

とは言え、それは「大学において『教育』が発見され、その大学という組織への定着を図ってきた30年」[6]であったと総括することができる。2000年代初頭には、「大学の学校化」はすでに予見されていたが、[7]とりわけ、学士課程教育については、2000年代後半以降、学校化に拍車がかかっている。21世紀型市民や学士力といった明確かつ共通の教育目標の提起を経て、三つのポリシーを軸とする体系的で組織的な教育課程の編成が求められるようになった。しかも、アクティブ・ラーニン

(6) 吉田文「大学『教育』は改善したのか―30年間の軌跡」『教育学研究』第87巻第2号、2020年、9ページ。

(7) 田中毎実「〈総括〉

グという用語の普及に象徴されるように、能動的学修に寄与する教育方法の重要性も強調され、教育内容についても、初年次教育やキャリア教育の導入や、専門職養成分野でのコア・カリキュラムの策定など、明確化・共通化が求められ始めている。

つまり、教育課程編成だけではなく、教育方法や教育内容においても、「大学の学校化」、ひいては「大学の脱学問化」が加速していると言わざるを得ないだろう。なぜこのような事態が引き起こされているのか、次節では、コンピテンシー・ベースの改革を切り口にして、その背景を考察していく。

2 高等教育におけるコンピテンシー・ベースの改革と「大学の脱学問化と学校化」

前記のような高等教育における改革動向は、初等中等教育段階においても展開しているコンピテンシー・ベースの教育改革と軌を一にしている。コンピテンシー・ベースの改革は、世界的に展開している「新自由主義」教育改革とパラレルに展開している。グローバル資本主義や知識経済の進展など、個別化・多様化・流動化が加速するポスト近代社会とも呼ばれる現在、国家による福祉・公共サービスの縮小と市場化を特徴とする、いわゆる「新自由主義」教育改革と呼ばれる動きが世界的に広まりを見せている。具体的には、教育の規制緩和や地方分権を進め、各地域や

大学授業研究から大学教育学へ」京都大学高等教育教授システム開発センター『大学授業研究の構想―過去から未来へ』東信堂、2002年、188ページ。

教育機関の創意工夫を促す一方で、成果として求める目標内容と達成水準（何をどの程度できるようになればよいか：スタンダード）を明確化し、テストや調査によってその成果を検証したり、アカウンタビリティ（説明責任）を果たさせたりしながら、教育の質を保証しようとするわけである。

この「新自由主義」とされる改革は、カリキュラムの内容・形式、教育統治（ガバナンス）のシステム、教育研究のレトリックに及び、コンピテンシー・ベースを含む以下の三つの改革の集合体としてとらえることができる。(8)

まず、「コンピテンシー・ベース（competency-based）」の改革とは、カリキュラムの内容面において、学問性・文化性と知識内容以上に実用性・有能性と行為能力（スキル）を重視するものであり、企業社会の論理に適応する職業訓練へと教育の営みを矮小化しがちである。

次に、「スタンダード・ベース（standards-based）」の改革とは、カリキュラムの形式面において、目標・方法・評価の一貫性を重視することで目的合理性・技術性を追求するものであり、テスト成績などの見えやすい成果を目指す機械的な学習をもたらしがちである。

これは、教育統治の次元においては、共通のスタンダードの設定と結果責任（自己責任）による質保証を重視するものであり、それは教育に標準化と成果主義をもたらし、教育現場の下請け化や政策への主体的従属を進行させがちである。

---

(8) 石井英真「カリキュラムと評価の改革の世界的標準化と対抗軸の模索」広瀬裕子編『カリキュラム・学校・統治の理論』世織書房、2021年。

最後に、「エビデンス・ベース（evidence-based）」の改革は、一般市民に対する透明性の要求を背景にしながら、現場の専門職の臨床的・質的判断以上に、実証的・統計的手続きにより効果が数量的に確かめられた介入方法を重視するものであり、明証性を持って政策や実践を選択・実行していくことを志向するものである。それは、教育研究の自然科学化とも言うべき実証主義的傾向の強化と、人文学的方法論（規範論や思弁的・歴史的・解釈的研究）の弱体化をもたらしがちである。

日本の初等中等教育段階でも、２０１７年改訂学習指導要領において、目標については、「何を学ぶか」のみならず「何ができるようになるか」を重視する「汎用的スキル」や「資質・能力」がキーワードとなり、授業や学びのあり方については、「アクティブ・ラーニング」や「主体的・対話的で深い学び」がキーワードとなり、学校運営については、教科横断的な連携やＰＤＣＡサイクルを提起する「カリキュラム・マネジメント」がキーワードとなる形で、目標、授業、評価の一体改革が構想されている。先述の「グランドデザイン答申」等において、「予測不可能な時代を生きる人材」の育成に向けて、「学士力」、「学修者本位の教育」、「『学び』の質保証の再構築」の一体改革が構想されていたことと重なっていることがわかるだろう。

前記のような改革は、高等教育に以下のような課題を提起している。[9] それは、「大学の脱学問化と学校化」の過程とまとめることができる。従来「大学らしさ」は、「学問の府」「真理探究の場」「知の共同体」といった形で、研究する場、学問

(9) 広田照幸他編『シリーズ大学5 教育する大学』岩波書店、2013年、広田、前掲書、2019年などを参照。

する場としてイメージされてきた。また、それは学生の自主的な学習の場として、学ぶか学ばないかは学び手の責任であり、大学の授業以外の場の自主ゼミや自主サークルなどを自分たちで組織して学んでいくことが理想とされがちであった。

このように、大学を、学問することを軸とする学習機関としてとらえる見方は、学問のための学問に陥りがちで、社会とのつながりを希薄化させがちであった。また、大学教員が研究者とは異なる教育者としてのアイデンティティを持ちづらく、教育改善が主題化されないといった点に問題があった。そして、大学が大衆化・ユニバーサル化していく中で、教育機関としての役割がより求められるようになってきたという実態と理想像との間に齟齬が生まれて、前記の問題が顕在化してきた。

コンピテンシー・ベースの改革は、まさにこうした日本の大学の状況を背景に展開している。しかし、「コンピテンシー」概念の持つ、産業界の人材育成要請、職業準備教育への志向性は、学問や文化、専門性に閉じない教養、研究を深める活動等、直接的に役に立たないように見える知を軽視し、実用的で即戦力的なスキルの形成にカリキュラムを狭めてしまう危険性がある。また、学習者主体の学びの実現といった教育の工夫を手厚くしすぎることで、制度化された機関で教えられなければ（サポートされなければ）学べないという、「学校化された学び」を大学においても生み出し、学生たちの自治や自立を疎外するおそれがある。さらに、質保証システムの構築は、産学連携や営利追求に向かうガバナンス改革を伴いがちで、それは、大学を「知的共同体」から「知的企業体」へと変容させることが危惧される。大学の教育機関としての役割の意識化、大学教員の教員としての自覚と教育活動・学習支援の工夫が促されたこと自体は重要であるし、そうならざるを得ない現状もある。そういった状況においてこそ、大学の教育機能を高めていく上で、知的共同体において学問することを通してこそ可能になる、即時的な実用に閉じない社会的有用性と大学らしい学びのあり方を問うていくことが重要となるだろう。

（第1節　本宮、第2節　石井）

キーワード解説5

大学教育改革3ポリシー

高大接続改革実行プランにおいては、高校までに育成された学力の3要素を大学においてさらに向上させるため、大学教育の質的転換が求められた。その実現に向け、各大学においては教育に関する方針を示す「三つのポリシー」の策定・公表が法的に義務づけられた。

中央教育審議会大学分科会大学教育部会「『卒業認定・学位授与の方針』（ディプロマ・ポリシー）、『教育課程編成・実施の方針』（カリキュラム・ポリシー）及び『入学者受入れの方針』（アドミッション・ポリシー）の策定及び運用に関するガイドライン」においては、三つのポリシーを次のように整理している。ディプロマ・ポリシーとは、教育理念に基づき、どのような力を身に付けた者に卒業を認定（学位を授与）するのかを定める基本的な方針であり、学生の学修成果の目標ともなる。カリキュラム・ポリシーとは、ディプロマ・ポリシーの達成に向け、どのような教育課程を編成し、どのような教育内容・方法を実施し、そして学修成果をどのようにするのかを定める基本的な方針である。アドミッション・ポリシーとは、各大学、学部・学科の教育理念や他の二つのポリシーに基づく教育内容等を踏まえ、どのように入学者を受け入れるかを定める基本的な方針であり、受け入れる学生に求める学修成果を示すものである。

一貫した三つのポリシーに基づく教育による、各大学、学部・学科等の教育理念を踏まえた教育活動の実現が期待されるほか、高校との接続の円滑化や社会との接続・協働の改善といった意義もあるとされている。

（松本　圭将）

第8章

グローバル化時代における大学の国際化政策

2010年から2020年までの日本政府による高等教育の国際化政策とは何だったのか。本章では文部科学省の下で実施された四つの国際化推進事業を取り上げ、成果と課題について考察する。

河野真子／佐藤万知

1 日本の大学の国際化政策の概要

高等教育の国際化とは何か、どのような状態を指すのか、という点について、様々な論者が定義を試みている。[1] 広く引用されているKnight[2]によると、高等教育の国際化とは、高等教育機関とシステムの目標、教育（学習）、研究、サービス提供など大学の中核的機能に国際的、異文化的、そしてグローバルな特質や局面を統合する多面的かつ多角的なプロセスであると定義される。一方、日本の状況については、Goodman[3]が、80年代中期からの日本の高等教育改革において国際化という言葉が主体、手段、目的によって多義的に使われている様を描写している。江淵[4]は日本語および英語の「国際化」概念を比較分析し、「自動詞としての国際化」（日本語）と「他動詞としての国際化」（英語）を提唱し、その後の国際化に関する研究の方向性に影響を与えている。すなわち、高等教育政策において「国際化」が意味することやその目的は時代背景や文脈によって変わってきている。

日本の大学に関連する国際化政策は、主に科学技術政策に紐づけられる研究関連の事業と、文部科学省が主体となって実施される教育の国際化事業があり、２００0年以降の主な事業は**表1**のとおりである。このように多くの事業が実施されてきたが、本章では、教育の国際化事業に焦点をあてる。

(1) 米澤彰純「高等教育改革としての国際化——大学・政府・市場——」『高等教育研究』第18集、２０１５年、１０５-１２５ページ。

(2) Knight, J. (2008). *Higher Education in Turmoil*. Rotterdam: Sense Publishers.

(3) Goodman, R. (2007). "The concept of Kokusaika and Japanese educational" reform. *Globalisation. Societies and Education*. 5(1). pp.71-87.

(4) 江淵一公『大学国際化の研究』玉川大学出版部、１９９７年。

教育の国際化は1980年代を境に、その前後で位置づけ、内容ともに変容してきた。まず国際化の目的については、1980年代までは国際貢献という意義づけだったが、それ以降は国際競争力の強化という意義づけになった。具体的には、国際貢献という意義づけの国際化とは1983年8月発表のいわゆる「留学生受入れ10万人計画」に見られるように、国内大学への外国人留学生の受入れ促進という形をとった。江淵[5]は当時の留学生政策について、「責任」とともに「利益」を重視する欧米と比較して、日本は主として国際社会での対外援助の理念に基づいた「責任」を強調するものであったと説明している。その後2000年代に入り大学の「国際競争力」が謳われるようになると、留学生受入れ政策の動機も「国際貢献」から「国際競争力」へと変化していった。

一方で、1980年代までの国際化の焦点は教育内容の国際化であったが、それ以降は教育制度・機能の国際化に議論の重点がシフトしたという考察もある。[6] また、知識基盤社会における国の経済成長戦略の観点から、文部科学省以外の行政庁や産業界からの大学の役割への関心が高まる中で、グローバル化が文部科学省による競争的資金獲得とその実施事業のキーワードとなった。[7]「グローバル化への対応」や「国際競争力」というキーワードはたとえば2004年の国立大学法人化から続く「国立大学改革プラン」、「世界トップレベル拠点プログラム」など大学に関する様々な政策に見られる。

(5) 同右。

(6) 東條加寿子「大学国際化の足跡を辿る―国際化の意義を求めて―」『大阪女学院大学紀要』7号、2010年、87～101ページ。

(7) 吉田文「2000年代の高等教育政策における産業界と行政府のポリティックス―新自由主義・グローバリゼーション・少子化」『日本労働研究雑誌』第629号、2012年、55～66ページ。

■表1　2000年以降の大学に関連する主な国際化政策・事業

2002	21世紀COEプログラム〈「世界最高水準の研究教育拠点」の形成を支援〉	
2005	大学国際化戦略本部強化事業〈全学横断的な組織体制の整備・国際展開戦略モデル開発〉	
2007	グローバルCOEプログラム〈国際競争力のある大学づくりを推進〉	
2007	世界トップレベル研究拠点プログラム〈世界中から人材が集まる開かれた研究拠点育成〉	
2008	○留学生30万人計画（日本に留学する学生を30万人に）	
2009	大学の国際化のためのネットワーク事業／国際化拠点整備事業（グローバル30）	
	○日本再興戦略（日本から留学する学生を12万人に）	
2011	大学世界展開力事業	
	2011	キャンパス・アジア中核拠点形成支援
	2011	米国大学等との協働教育の創成支援
	2012	日本とASEANにおける大学との間で実施する事業
	2013	〜海外との戦略的高等教育連携支援〜AIMSプログラム
	2014	ロシア・インド大学との間で実施する事業
	2015	中南米諸国・トルコの大学との間で実施する事業
	2016	キャンパス・アジア／ASEAN地域における大学間交流の推進
	2017	ロシア・インドの大学との間で実施する事業

2018	米国等の大学との間で実施する事業（COIL：オンライン共同学習）
2019	EUとの間で実施する事業
2020	アフリカ諸国との間で実施する事業
2012	経済社会の発展を牽引するグローバル人材育成支援
2013	「トビタテ！留学JAPAN」
2014	スーパーグローバル大学創成支援事業

以下では、高等教育の国際化政策として、文部科学省の下で2009年以降に実施された「大学の国際化のためのネットワーク事業」、「大学の世界展開力強化事業」、「経済社会の発展を牽引するグローバル人材育成支援」、「スーパーグローバル大学創成支援事業」の4事業を対象として内容と結果を考察する。

2　留学生30万人計画と英語学位プログラム

(1)　大学の国際化のためのネットワーク事業（国際化拠点整備事業）（2009年度～2013年度）の概要

この事業（通称「グローバル30」）は、「留学生等に魅力的な水準の教育等を提供するとともに、留学生と切磋琢磨する環境の中で国際的に活躍できる高度な人材の養成を図るため、留学生を獲得するための環境整備を図る」ことを目的に実施された。すなわち、「優秀な」留学生を受け入れ・教育する、国際競争力を持つ大学の整備が主目的であった。

2009年4月半ばに公募が開始され、同年7月3日に国立7大学、私立6大学の13大学が採択された。公募要領に「国公私大のバランスに配慮する」と示されていたとおり、国立・私立がほぼ同数の採択となった。

応募に際しては、①英語による授業のみで学位を取得できるコースを少なくとも学部・研究科に各1コース設置する、②留学生受入れのための環境整備を促進すること（受入れ窓口となる海外拠点の設置や就職支援の提供、渡日前入試の実施、日本語教育の提供など）、③大学の戦略における国際化の位置づけを明確にすること、④海外に日本の大学が共同で利用できる事務所を整備すること（日本学生支援機構の海外事務所がない地域を選択）、⑤（補助金終了後も大学が独自に事業を継続することを前提に）留学生30万人計画の達成目標年である2020年時点での留学生数（現状より1000人以上の増加で、少なくとも2600人を目指す）や外国人教員割合（10％程度を目指す）の達成目標も明確に設定することなどが求められた。公募時、構想の事業規模は年間8億円を上限とし、そのうち年間4億円を基準額として支援するとされており、補助されるのは事業規模の半分額相当で、残りは大学独自の予算措置で行うことが前提だった。

(2) 政策

この事業の土台となる政策は「留学生30万人計画」である。同計画は2008年1月に国会での福田首相（当時）の施政方針演説において「経済成長戦略の実行」の文脈の中で最初に言及された。そこでは「産学連携による海外の優秀な人材の大学院・企業への受入れの拡大を進める」ことが謳われていた。その後、内閣府の経済財政諮問会議がベースとなり閣議決定された「経済財政改革の基本方針2008」で「教育の大胆な国際化を進めるため、平成20年度中に、グローバル30（国際化拠点大学30）（仮称）を始めとする、留学生30万人計画を策定し、具体化を進め」、「留学生の就職支援、海外での情報提供・支援の一体的取組等を進め、2020年を目途に留学生数を30万人とすることを目指す」ことが明言された。これを受け、同年7月には文部科学省、外務省、法務省、厚生労働省、経済産業省、国土交通省の連名で「留学生30万人計画」骨子が発表された。

「経済財政改革の基本方針2008」の時点で同事業の骨組みがほぼ決定されていたことがわかるが、その前年に閣議決定された「経済財政改革の基本方針2007」でもすでに「教員の国際公募、外国人教員比率の増、英語による授業、国家戦略としての留学生政策を平成20年度から推進する」、「平成20年度から、（留学生の）現地での募集・選考体制の強化、渡日前の入学許可、奨学金決定を行い、留学生受入れ拡大を図る」など、同事業につながる具体的な構想がなされていた。さらに前年に経済財政諮問会議から出された「グローバル戦略」においても、すでに「研究開発基盤の強化、留学生の受入れ支援策の充実や国内就職の促進など、アジアをはじめとする諸外国からの留学生・研究者を含めた海外の優れた人材を国内に誘導する環境を整備する」ことが描かれていた。このような過程から、同事業が文部科学省の文教政策よりむしろ内閣府の経済政策の下で形作られてきたことがわかる。

(3) 影響と課題

同事業が契機となり、英語による学位プログラムの導入が本格化した[8]。英語による授業のみで卒業できる大学・学部数について、事業開始時の2009年度には学部段階で8大学（国立0、公立1、私立7）の9学部（国立0、公立1、私立8）、研究科段階で81大学（国立47、公立5、私立29）の155研究科（国立107、公立6、私立42）であったが、2013年度には学部段階で19大学（国立6、公立1、私立12）の38学部（国立12、公立1、私立25）、研究科段階で87大学（国立45、公立8、私立34）の202研究科（国立126、公立8、私立68）へと増加した（文部科学省「大学における教育内容等の改革状況について」）。同事業プログラム委員会による事後評価では、英語コース設置については「日本留学の障害の一つとなっていた語学の問題に対して有効な手立てであることが確認されたこと」が「大きな

(8) 小竹雅子「変革的プロセスとしての「国際化」――二つの国立大学学部英語学位プログラムに関するケーススタディーに基づく考察――」『留学生交流』２０１８年12月号 Vol.93、10～19ページ。

(9) 大西晶子「留学生層の多様化に留意した学生支援――文化的多様性に対応した留学生支援の実践――」『留学生交流』２０１８年12月号 Vol.93、１～９ページ。

(10) Science Portal「日本は魅力ある留学先か？」(２０１５年４月６日)（https://scienceportal.jst.go.jp/explore/review/20150406_01/index.html、２０２１年１月４日確認）。

(11) Ishikawa, M. (2011).Redefining internationalization of higher education: Global30

成果」だと高く評価されている。

一方で、日本語のわからない学部留学生への対応や、出身地や宗教的慣習への考慮といった留学生の多様化への対応などの課題も噴出した。[9] また、事業構想に掲げる「優秀な」留学生の獲得とは、英語圏の有名大学との競争を意味し、国際的な学生市場での募集活動に苦心した。その様子を示す一例として、東京大学が同事業下で設置したプログラムが「世界の有力大学の滑り止め」になっており関係者が危機感を募らせている、という状況が報道されている。[10] また、採択された国立7大学を対象とした研究でIshikawa[11]は、既存の組織運営と新たな需要への対応に伴う新しい運営方式の間での対立状況を課題として指摘している。同時に、同事業では、優秀な外国人教員数を増やすことも主目的の一つであったが、誘致のために準備されたポストは任期付きが多いことへの疑問、[12] 多くの英語学位プログラムは学内で孤立した「出島型」になっており、「国内学生との学びや交流という点に、大きな課題を残している」状況が生じたこと[13]などの問題点が指摘されている。

---

and the making of global universities in Japan. In D. B. Willis & J. Rappleye (Eds.), Reimagining Japanese Education: Borders, Transfers, Circulations and the Comparative. UK: Symposium Books, pp.193-223.

(12) Burgess et al. (2010). The 'Global 30' Project and Japanese higher education reform: an example of a 'closing in' or an, opening up'?, Globalisation, Societies and Education,8(4), pp.461-475.

(13) 嶋内佐絵『東アジアにおける留学生移動のパラダイム転換――大学国際化と「英語プログラム」の日韓比較』東信堂、2016年、128ページ。

3 海外留学促進への政策シフトと「グローバル人材」

(1) 大学の世界展開力強化事業(2011年度〜)と経済社会の発展を牽引するグローバル人材育成支援(グローバル人材育成推進事業)(2012年度〜2016年度)の概要

大学の世界展開力強化事業は、年度ごとに開始される各5年間の事業(表1参照)の総称であり、特定の重点国・地域の大学をパートナーとする大学間の学生交流プログラムである。2011年度に「国際的に活躍できるグローバル人材の育成と大学教育のグローバル展開力の強化を目指し、高等教育の質の保証を図りながら、日本人学生の海外留学と外国人学生の戦略的受入を行う事業対象国・地域の大学との国際連携の取組を支援すること」を目的として開始された。初年度事業の一つである日中韓の三か国の大学間で実施する「キャンパス・アジア」は、2009年に行われた日中韓サミットで当時の鳩山首相から提唱された高等教育交流プロジェクトが実現されたものであった。それ以降幅広い地域(表1)が対象となっており、これまでに計123件の事業が実施された(継続中含む)。

経済社会の発展を牽引するグローバル人材育成支援事業は、2012年度に5年間の事業として開始された。「経済社会の発展に資することを目的に、グローバルな舞台に積極的に挑戦し世界に飛躍できる人材の育成を図るため、学生のグローバル対応力を徹底的に強化し推進する組織的な教育体制整備の支援を行うこと」を目的としている。全学推進型のタイプAと、一部の学部・研究科等で設定する目標の達成を目指す特色型のタイプBに分かれ、それぞれ11大学、31大学が採択された。とくに外国語力（英語力）強化と海外留学促進が重視され、その支援のために教育の国際通用性の向上として、シラバスの英語化、ナンバリングの導入、GPAの活用、課題解決型の能動的学修の推進など、また、外国人教員へのサポートや事務体制強化などが具体的に要求された。しかしながら、後述する、より包括的な国際化を目的とした事業が2014年度に開始されると、重複して採択された19大学における取り組みは新事業に吸収されることとなった。

(2) 政策と課題

外国人留学生の受入れが日本の大学国際化の中心であったことは前述したが、日本人の英語力の低さや海外へ留学する学生数の減少――内向き志向――が指摘されたこと、緊縮財政下では日本人の教育を優先させるべきという意見が出てきたことなどを背景に、国内学生の海外への送り出しへと政策シフトが見られるようになった。[14] 後に2013年6月に策定・閣議決定された「日本再興戦略」では、2010年時点で6万人であった日本人の海外留学生を2020年までに12万人へ倍増させ

(14) 吉田文「『グローバル人材育成』の空虚」『中央公論』2015年2月号、116〜121ページ。

る目標が「留学生30万人計画」と並んで掲げられた。両事業はこの政策シフトを反映している。

両事業に共通して使われている言葉が「グローバル人材」である。日本で働く外国人材や海外で活躍できる人材など、文脈により異なる対象に使われる言葉であるが、ベースとなっているのは、政府の新成長戦略の下、２０１１年５月に内閣官房長官を議長として発足したグローバル人材育成推進会議が同年６月にまとめた中間報告による定義である。２００７年から２０１０年にかけて経済産業省のイニシアティブで開催された「産学人材育成パートナーシップグローバル人材育成委員会」による議論などを引き継いだものであるが、「グローバル人材の概念を整理すると、概ね、以下のような要素が含まれるもの」とされた。

要素Ⅰ：語学力・コミュニケーション能力

要素Ⅱ：主体性・積極性、チャレンジ精神、協調性・柔軟性、責任感・使命感

要素Ⅲ：異文化に対する理解と日本人としてのアイデンティティー

これは今後国内で育成・活用していくべき「グローバル人材」の概念としてまとめられたものであるが、要素Ⅲより日本人を対象とすることが前提になっていることがうかがえる。前掲の大学の国際化のためのネットワーク事業で実施した産学連携フォーラムでは、外国人留学生についても将来日本企業で活躍することが期待される「グローバル人材」として扱っていたことから、ここでも留学生から日本人学

(15) たとえば次のようなものがある。Chapple, J. (2014). "'Global jinzai,'' Japanese higher education, and the path to multiculturalism: imperative, imposter, or immature? in Shimizu, K. and Bradley, W.S. (eds.) Multiculturalism and conflict reconciliation in the Asia-Pacific. London: Palgrave Macmillan, pp.213-228. Yonezawa, A. et al. (2014). Japan's challenge of fostering・global human resources・: policy debates and practices. Japan Labor Review. 11 (2), pp.37-52.Pool et al. (2020). Tracing the Developments of the "Global Educ

生への焦点の移行が見えてくる。一方「グローバル人材」とは何か、ということは多くの研究者が問題にして議論している(15)。

4 世界大学ランキングと共通成果指標の設定

(1) スーパーグローバル大学創成支援事業（2014年度～2023年度）の概要

2014年度から実施されたこの事業は、「国際競争力の向上を目的に、海外の卓越した大学との連携や大学改革により徹底した国際化を進める、世界レベルの教育研究を行うトップ大学や国際化を牽引するグローバル大学に対し、制度改革と組み合わせ重点支援を行う」ものである。世界大学ランキングトップ100を目指す大学を対象とした「タイプA」と、国内社会のグローバル化を牽引する大学を対象とした「タイプB」の2区分が設定され、それぞれ13大学（国立11、私立2）、24大学（国立10、公立2、私立12）が採択された。

公募要領では、「大学改革」を断行して国際通用性・国際競争力を強化すること、また、各大学の責任者を学長または副学長とすることで、一部の部署だけではなく大学全体としての取り組みを促すことが意図された。競争的資金による補助事業は通常5年間だが、本事業は10年間とされたことや標準年間支援額の大きさ（タイプ

---

ation Effect" in Japanese Higher Education: Discourses, Policy, and Practice," In N. M. Doerr (Ed.), The Global Education Effect and Japan. Routledge, pp.33-60.
嶋内佐絵「グローバル人材育成と大学の国際化に関する一考察」『横浜市立大学論叢人文科学系列』66巻1号、2014年、109～126ページ。
吉田文「「グローバル人材の育成」と日本の大学教育――議論のローカリズムをめぐって――」『教育学研究』81巻2号、2014年、164～175ページ。
大西好宣「グローバル人材とは何か：政府等による定義と新聞報道にみる功罪」『千葉大学人文公共学研究論集』36巻、2018年、168～183ページ。

A：4億2千万円、タイプB：1億7千2百万円）から包括的な国際化の大型プロジェクトとして注目を集めたが、補助金額は実施後毎年減少し（表2）、2019年度には初年度の半分以下となっている。

■表2　SGUの補助金額の年度推移（単位：千円）

年度	補助金額
2014年度	7、556、681
2015年度	6、880、302
2016年度	6、199、312
2017年度	6、027、626
2018年度	3、995、097
2019年度	3、423、089

＊文部科学省の予算支出状況（https://www.mext.go.jp/a_menu/kouritsu/detail/1310157.htm）より各37採択大学への同事業予算執行額を合計したもの。2014年度は該当大学のグローバル人材育成支援事業予算を足している。

この事業では多数の詳細な共通成果指標が設定されている。国際化関連、ガバナンス改革関連、教育の改革的取組関連、その他の4項目の下に41もの指標が設定された。半数近くが数値により評価される目標である。中にはガバナンスにおける「IR機能の強化・充実」や教育における「学生の実質的学びの時間の確保に関する取組」や「多面的入学者選抜の実施」など、必ずしも大学の国際性と直接関わらないものも含まれている。これらの達成目標の進捗状況について、2度の中間評価と最終年度評価で審査される。

(2) 政策

2013年の年初に第183回国会における安倍内閣総理大臣（当時）の施政方針演説で、「大学力は国力」であり、「国の発展のために世界トップレベルとなるよう大学の在り方を見直す」ことが言及されると、同年5月に教育再生実行会議の第3次提言では「大学のグローバル化の遅れは危機的状況」であり、「グローバル化に対応した教育環境づくりを進める」ために「徹底した国際化を断行し、世界に伍して競う大学の教育環境をつくる」ことが示された。そこには具体的な本事業の構想が描かれるとともに、今後10年間で世界大学ランキングトップ100に10校以上をランク入りさせるという目標が明示された。また、同年6月に閣議決定された政府の「日本再興戦略」においても「必要な制度の見直しを行い、世界と競うスーパーグローバル大学を創成する」事業と位置づけられた。

(3) 実施における課題

まず、詳細な共通成果指標を通じた政府による大学のマイクロマネジメントへの懸念が指摘されている。(16) また、この事業が必ずしも世界大学ランキングの順位向上

(16) Shimmi, Y., & Yonezawa, A. (2015). "Japan's "Top Global University" Project", International Higher Education, (81), pp.27-28.

を主目的としたものではないにもかかわらず、タイプA大学については研究成果に関連する共通指標として「論文の被引用状況」、「論文の国際共著状況」、「共同研究及び受託研究の実績状況」の3点が設定されている。その結果、タイプA採択大学は世界大学ランキングという「想像上の国際競争」(17)へ参入することになった。しかし、事業開始翌年には最も有名なランキングの一つであるTimes Higher Educationの世界ランキングで用いる学術文献データベースとメソドロジー（順位の元となるスコアの算出方法）が大きく変更され、採択大学すべてが順位を下げるなど、苦戦を強いられている。

5 達成状況の考察とまとめ

2020年は「外国人留学生受入れ30万人」「日本人学生海外留学12万人」の達成目標年であった。その数値目標の達成状況と本来の目的を振り返って結果を考察する。

外国人留学生受入れについては、2019年5月の数値で30万人を達成したと言われている。ただし、2010年7月1日付けで在留資格の「留学」と「就学」が一本化され、日本語教育機関に在籍する外国人留学生も含まれるようになったことの影響に考慮が必要である。2009年の数値と比較すると、大学院生は1万76

(17) 苅谷剛彦『オックスフォードからの警鐘』中公新書ラクレ、2017年、31ページ。

84人、学部生は2万5275人増加している（日本学生支援機構外国人留学生在籍状況調査）。これには一連の国際化事業による効果もあるだろう。たとえば英語による授業のみで卒業できる課程は、2017年には学部レベルで37大学63学部、大学院レベルで110大学252研究科まで増加している。

では、30万人計画や各事業の本来の目的である「優秀な人材の受入れ」、「留学生と共に学ぶ環境の創出」、「卒業後の日本での就業」などはどの程度達成できているのだろうか。本当に優秀な人材を獲得できているのかということは数値ではわからない。何をもって「優秀」というのかも明確ではない上、個々の大学・課程によっても求める人材像は異なる。2019年に明らかとなった東京福祉大学によるずさんな留学生受入れの実態は、達成数値が必ずしも「優秀な人材」の受入れとリンクしているわけではないことが示された一例であるが、一方で高い意欲とグローバルマインドを持ち研究・学習環境の活性化へ貢献する留学生も存在している。では、そのような優秀な留学生が国内学生と学ぶ環境は実現できているだろうか。嶋内[18]の調査によると正規課程としては少ないようである。そのような環境の創出には正課内外で相互に学びあう工夫など、様々な異なるレベルでの取り組みが考えられるが、各大学の環境や文脈において最も適した取り組みは異なるだろう。細かな実施項目の指定と数値目標による評価では実現されないこともあるのではないか。

卒業後の就業については、留学生はそのグローバルな視野を活かすのではなく実

(18) 嶋内、前掲書、2016年。

態としては「日本人化」した就職活動が求められているという指摘もある[19]。世界のトップ大学と競って日本へ受け入れた「優秀」な人材が日本社会で活躍できるような環境にあるのかということは、大学を越えた課題だろう。知識基盤社会において、とくに大学院へ優秀な留学生を受け入れることは、純粋な知の創出・高度化の追求だけではなく、そこで学んだ知識を将来どこで活かすのかということが関心事となる。国の経済成長戦略に端を発する留学生30万人計画にとっても重要な点であるはずだ。しかしながら、知的財産や秘密保持の取り扱いとも関連し、留学生受入れは今後ますます複雑な対応を迫られることになるだろう。

続いて日本人学生の海外留学状況について、日本学生支援機構による日本人学生留学状況調査[20]によると、2018年度は11万5146名に達しており、大学生以外の留学や、日本の大学を介さずに海外の教育機関へ学位取得目的等で直接留学している者は同調査に含まれないことを考慮すると、12万人の数値目標はほぼ達成していることが推察される。本章における関心は国内の高等教育政策であるため、考察の対象は同調査の数値に限られるものであるが、2009年度と2018年度の数値を比較すると、全体としては3倍を超える増加があり、とくに大きく伸びているのは1か月未満の留学数で、9年間で約6万人増加している。大学間協定に基づく留学も約3倍増加しており、海外大学との交流の取り組みが着実に促進されていることがうかがえる。具体的には、海外の大学等との交流協定に基づく単位互換の実

(19) Pool et al.、前掲論文、2020年。

(20) 日本学生支援機構「日本人学生留学状況調査」(https://www.studyinjapan.go.jp/ja/statistics/nippon/index.html、2021年1月4日確認)。

施は２００９年には２５６大学であったが２０１７年には４１２大学に、ダブル・ディグリー制度の導入は２００９年には93大学、２０１７年は１８９大学へと増加している。

一方で、留学を通した「グローバル人材育成」は経済界からの要請が動機であったが、２０１７年に公表された政策評価資料[21]によると、そのような人材の確保状況は新卒採用者については約半数の企業が増加傾向にあると回答しているが、まだ十分ではなく、大学に対して「海外留学の促進」や「異文化理解に関する授業」、「対話型の授業」、「英語授業」の拡充などが引き続き求められる結果となっている。

細かな実施事項や数値目標が定められた競争的資金による補助事業を中心とした過去10年の国際化政策であるが、大学が自律的、包括的に考える余地を奪っているとの批判もある。結果への説明責任がより求められるようになり、様々な評価活動への対応に追われる中で、個々の大学において自大学の独自性は何かということを具体的に議論し、その発揮を実現するプロセスを描く時間的・財政的な余裕はあるのだろうか。今後はそのような状況も考慮した上で、手段が目的化して動機が見えなくなる[22]ことのないような支援が望まれるだろう。

(21) 総務省「グローバル人材育成の推進に関する政策評価〈結果に基づく勧告〉」（２０１７年７月14日）（https://www.soumu.go.jp/menu_news/s-news/107317_00009.html、２０２１年１月４日確認）。

(22) 小竹、前掲論文、２０１８年。

第9章

第4次産業革命に対応する新型職業大学

張 潔麗

本章では、2019年に、55年ぶりに新設された高等教育機関類型である新型職業大学を取り上げて、その設置をめぐる各種審議会の答申、専門職（短期）大学の設置基準および実際の開学状況を手がかりに、それが現れた背景（第1節）、議論段階の機関像（第2節）、開学段階の特徴（第3節）を考察する。

1 新型職業大学が現れた背景

日本の新型職業大学の出現には、経済的側面、そして社会的側面における変化による影響が存在している。本節では、新型職業大学がどのような背景のもとで現れたのかについて整理を行う。その際には、経済的側面と、社会的側面の2種類に分けて、新型職業大学の新設に関する要因を整理する。整理する手がかりとしては、新型職業大学の設置に関する構想がはじめて政府レベルで打ち出された、中央教育審議会による2011年の「今後の学校におけるキャリア教育・職業教育の在り方について（答申）」（以下、2011年中教審答申）をはじめ、2014年の教育再生実行会議による「今後の学制等の在り方について（第5次提言）」（以下、2014年再生実行提言）、中央教育審議会による2015年の「実践的な職業教育を行う新たな高等教育機関の在り方について（審議のまとめ）」（以下、2015年中教審答申）も取り上げる。なお、この新型職業大学は、その修業年限によって、専門職大学（4年制）、あるいは専門職短期大学（2または3年制）に分けられる。本章ではこれらを合わせて、専門職（短期）大学と呼称する。

(1) 経済的側面：産業構造・就業構造の変化

まず、経済的な側面からみると、日本の新型職業大学に関連する内容として、2011年中教審答申では「我が国の産業構造や就業構造の変化」をめぐって議論が展開されている。具体的には、2011年中教審答申では、「経済のグローバル化」の進展および「知識基盤社会の到来や『ソフトパワー』の重要性、科学技術の発展等によりイノベーション創出」が注目を集めているとされている。こうした産業構造の変化が就業者の構造にも変化をもたらしており、つまり、「就業者数は、第一次・第二次産業から第三次産業」のようにその構造が変わったという傾向がみられ、とりわけ第三次産業の就業者の割合が全体の67%まで増加している。そして、職業別の就業状況も変化しており、第三次産業に分類される、サービス業や販売職の従事者の割合の増加とともに、職業の種類の多様化、新しい職業の登場などの変化もみられる。

このような産業構造、そして職業構造に関わる変化の一環として、そうした変化する環境において就労する労働者のキャリア形成による需要がいっそう多様化し、人材育成において必要とされる知識および技術が高度化するとともに多様化しているという。この点は、2015年中教審答申でも言及されており、そこでは、労働者に求められる「必要な知識や技術も急速に高度化・複雑化している」点、「一人ひとりが（中略）自らのキャリアを通して、必要とする実践的な知識や技術を学び続けていくことが不可欠となってきている」点が明記されている。この点から、学生と同様、すでに就職している労働者が学び続けられる必要性、そしてその実現に必要である学習環境の整備の重要性がうかがえる。

(2) 社会的側面：人材育成機能にまつわる変化

経済的側面の変化と同時に、社会的側面でも、新型職業大学の新設に関連する変化が起きている。具体的に、２０１１年中教審答申では、雇用状況の変化が注目され、とりわけ「15歳から24歳までの完全失業率は約９・１％」であることが問題視されており、「若者の学校から社会・職業への移行が円滑に行われていない」点が指摘されている。こうした就職に関する状況の原因としては、前述した産業構造の急速な変化による人材への需要の変化が挙げられる一方で、人材の供給側である各種高等教育機関においても原因がみられるという。たとえば、「18歳人口に比して約51％が進学する大学も、学生の約８割が職業に関連する知識・技能に関する自分の実力が不十分と回答」しているように、高等教育機関は必ずしも実践的な職業教育を提供しているわけではなく、この点が人材の需要と供給のミスマッチを導いていると２０１１年中教審答申で指摘されている。こうした状況について、２０１４年再生実行提言では、実践的な職業教育を行う高等教育の実施、そして高等教育機関の新設が提起され決定されている。その理由として、前述の産業構造の変化への対応の必要性に対して、既存の高等教育機関の機能が不十分である点が指摘されている。具体的には、大学や短期大学、高等専門学校、そして専門学校の問題点が次のように挙げられている。

i) 大学や短期大学は、学術研究を基にした教育を基本とし、企業等と連携した実践的な職業教育を行うことに特化した仕組みにはなっていない。

ii) 高等専門学校は、中学校卒業後からの5年一貫教育を行うことを特色とするものであり、高等学校卒業段階の若者や社会人に対する職業教育には十分に対応していない。

iii) 専修学校専門課程（専門学校）は、教育の質が制度上担保されていないこともあり、必ずしも適切な社会的評価を得られていない。

これらの既存の高等教育機関の人材育成における不足とされる点を踏まえて、新型職業大学の必要性が提起されるようになった。同時に、2014年再生実行提言では、新型職業大学の新設のみならず、「社会人の学び直し等の機会」の保障も提起されたように、新たな職業的知識や技術の習得に対する需要に対応できるような多様な学習ルートおよび学習機会も保障すべきであるという考え方が確認できる。

2 議論段階の新型職業大学の機関像

前節では新型職業大学が現れた背景について、経済的側面および社会的側面の双方から確認し、新型職業大学は、産業構造の変化に起因する職業構造の変化や、労働者に求められる技術能力およびその育成機関の不在からなる複合的な背景のもとで現れたものであることがわかった。では、このような新型職業大学の設置にあたっては、どのような議論および制度設計が行われたのか。本節では、2014年再生実行提言に応じてまとめられた2015年中教審答申および、2016年の中央教育審議会による答申「個人の能力と可能性を開花させ、全員参加による課題解決社会を実現するための教育の多様化と質保証の在り方について」(以下、2016年中教審答申)をもとに、議論段階の専門職(短期)大学の機関像を整理する。その際、前節と同様に経済的側面と社会的側面の二つの側面に分けて、専門職(短期)大学の機関像について整理を行う。

(1) 経済的側面に関する内容

まず、新型職業大学に関する議論の中で、経済的側面に関連する提言は、2015年中教審答申から行われている。2015年中教審答申では、「新たな制度の創設により、学ぶ意欲と能力のある若者や社会人が質の高い教育を受ける」ことが可能になるとされている。同答申ではさらに、新型職業大学の学生を育成する際に、学生が身につけるべきであるとされる能力およびその育成に必要な教育方法も明記されている。具体的に、前者としては、次の四つの資質・能力の獲得が必要不可欠であるとされている。

・想定される各種の職業分野を越えた共通理念や目的に基づく普遍性
・どのような職業人にも必要とされる知識や思考法等の知的技法
・変化の激しい現代の実社会を主体的に生きていくために必要な活用力・応用力
・コミュニケーションスキル、ＩＣＴスキル、協調性や責任感などの非認知的能力

このような資質・能力の育成においては、新型職業大学が産業界との連携のもとで行われることが必要とされ、「インターンシップやグループでのＰＢＬ」の重要性が提起されている。その中で、とくに後者に関しては、２０１５年中教審答申でも言及されており、そこでは、「講義形態の授業」よりも、「現場での実習」など、より実践的な教育方法が掲げられている。

また、このような育成目標および教育方法の実践に関わる教員に関しては、必要

な教員数および教員の資質能力にはさらなる検討が必要とされている。議論段階である2015年中教審答申で明記されたのが、「教員組織の一定割合は、各職業分野において卓越した実績をともなう実務経験を有する」実務家教員が占めるべき点と、実務家教員は、「最先端の実務に携わりつつ並行的に教育にも当たる者」からなるべき点である。

さらに、こうした育成方法によって育成される人材像に関しては、2016年中教審答申においてこれらの人材が企業で担う役割の側面から描き出されている。すなわち、新型職業大学で育成される専門職業人は、「その専門性をもって、企業等の現場レベルでの改善・革新を牽引していく」という役割を担うことが想定されている。こうした専門職業人は理論と技能の双方を有し、彼らの企業内での活躍場面の具体例は左記のように提示されている。

i) 生産・サービスの現場で中核的な役割を担う人材等として
- 生産・サービスの工程の改善やこれを通じた生産性の向上
- 高度な技能や洗練された技術・ノウハウによる優れた商品・サービスの提供

ii) その専門性をもって、自ら事業を営み、又はこれを補佐する人材として
- 新たな付加価値の創造、これを活かした新しい商品・サービスの考案
- 新規事業の創出、強みのある製品・サービスを活かした新規市場の開拓

このような企業内で活躍できる専門職業人が有すべき能力として、前述した職業分野を越えた資質能力のほかに、２０１６年中教審答申では次のように、「特定の職業、一定の産業・職業分野に関して身に付けさせる能力」も明記されている。

i）専門とする特定の職業（職種）に関し、高度な専門的知識等を与え、理解を深化

（例）当該職業に関する理論への深い理解、分析的・批判的能力

ii）専門とする特定の職業（職種）に関し、卓越した技能等を育成するとともに、実践的な対応力を強化

（例）生産・サービスの現場で培う高度な技能

iii）一定の産業・職業分野（例えば、情報分野、保健分野など）に関し、当該分野全般の、又はその関連の基礎知識・技能等を育成

（例）当該分野内における各職種等全般の基礎的な理論、共通的な技能等、開業等に際して必要となる他分野（簿記・会計、経営など）の基礎知識・技能等

iv）職業に関する実践的な技能や、実践知と理論知、教養等を統合し、それらの活用により、現実の複雑な課題の解決や、新たな手法等の創造に結び付けることのできる総合的な能力を育成

（例）高度かつ実践的な課題発見・解決能力、新たな付加価値や商品・サービス、生産手法等の創出・改善を推し進める創造的な能力

このように、新型職業大学で育成される人材が身につけるべきであるとされる能力において、企業・産業界のニーズに応じる傾向がより顕著になってきたことがうかがえる。

(2) 社会的側面に関する内容

次に、新型職業大学の制度設計段階における社会的側面、とりわけ高等教育体系に関連する部分に着目して整理する。第1節で述べた既存の高等教育機関における専門職業人の育成機能の不十分さを踏まえて、2015年中教審答申および2016年中教審答申はそれぞれ、高等教育機関としての新型職業大学が果たすべき役割を明らかにしている。

2015年中教審答申では、「職業教育を重視する学校種に躊躇なく進学できるような選択肢の実質的拡大」という必要性に応じるため、「新たな高等教育機関が社会から真に評価されるよう、教育の質に対する信頼を確立しうる」制度設計が不可欠であるとされている。こうした新型職業大学の設置においては、その教育の質が重要となり、質を確保するための仕組みはどのようにとるべきなのかについては、通用性の側面から強調されている。具体的には、「卒業者の学修成果に関する国際

的・国内的な通用性」とともに、新型職業大学と既存の高等教育機関との間の円滑な移行に関する高等教育体系内での通用性も提起されている。

後者に関しては、社会人などの多様な入学者の入学や転入学が想定されるなかで、卒業生が授与される学位の種類などの通用性が強調されており、その解決策として、2015年中教審答申では、2~4年という多様な修業年限の設定、そして「4年制の場合は、前期課程（2~3年）と後期課程（1~2年）の二段階編成」、さらには「学士、短期大学士に相当する職業学位」の設定について提案され、検討が必要であるとされている。

こうした議論は2016年中教審答申でも再度行われている。そこでは、さらに具体的な内容が決められており、たとえば、4年制の前期課程と後期課程の区分と同時に、前期課程から後期課程への進学が連続的でない場合の選択肢も提示され、「前期修了後一旦就職してから後期へ再入学する」可能性も配慮するなど、学び直しの制度的保障への留意も提言されている。また、新型職業大学と既存の高等教育機関との移行に関しては、「これらの機関の間における修業年限の通算や、相互の転学、単位互換等を可能とする仕組み」の整備が言及されている。

さらに、卒業者が獲得する学位の種類や表記に関して、日本国内外の通用性および整合性を考慮し、「学位の種類としては、現行の大学及び短期大学と同様」である一方で、「修めた課程の特徴をより明確に表すよう」に、既存の学位に専攻分野の名称を付ける方法とは別に、専門職業人という特徴が表れるようにすべきであるとされている。加えて、新型職業大学自体も、「専門性が求められる職業を担うための実践的な能力を育成するもの」という特徴が表れるように、専門職業大学、専門職大学などの名称案が挙げられている。

このように、新型職業大学の制度化に関する議論の段階では、産業界・職業における変化による人材需要への適切な対応とともに、新型職業大学と既存の高等教育機関との違いを明確に表すために必要な措置も議論され提案されてきたことが明らかになった。

3 設置基準および開学状況からみる専門職（短期）大学

前節までは新型職業大学の設置に関する提案、議論などを整理してきた。本節では専門職（短期）大学に関する法的規定、そして開学状況について、「専門職大学設置基準」および文部科学省による専門職（短期）大学の開学状況の紹介サイト（https://www.mext.go.jp/a_menu/koutou/senmon/1414446.htm）より入手できる情報を手がかりに整理する。

(1) 設置基準からみる専門職（短期）大学

「専門職大学設置基準」は、２０１７年の学校教育法の改正に応じて、新型職業大学である専門職（短期）大学の設置を規定するため、２０１７年に制定され、２０１９年より施行されたものである。また、学校教育法が２０１７年5月に改正され、専門職大学の定義が第83条で「深く専門の学芸を教授研究し、専門性が求められる職業を担うための実践的かつ応用的な能力を展開させることを目的とするもの」であると定められている。同条ではまた、「専門職大学は、文部科学大臣の定めるところにより、その専門性が求められる職業についている者、当該職業に関連する事業を行う者その他の関係者の協力を得て、教育課程を編成し、及び実施し、並びに教員の資質の向上を図る」とされている。この点から、専門職大学を論じるにあたっては、①教育課程の編成、②教育の実施方法、③教員の資質能力の3点が重要であることがわかる。以下では、この3点がそれぞれ、設置基準でどのように規定されているのかについて整理を行う。

なお、機関単位での専門職（短期）大学とともに、組織単位での専門職学部・専門職学科の新設に関する設置基準の修正もみられる。後者としては、既存の大学等の高等教育機関に「専門性が求められる職業を担うための実践的かつ応用的な能力を展開する教育課程を編成する」専門職学部・専門職学科を新たに設置することが可能とされている。このため、既存の高等教育機関の設置に関する「大学設置基準」、「短期大学設置基準」には専門職学科や専門職学部に関する「特例」が加えられるようになっている。その中で、専門職学部や専門職学科の①教育課程の編成、②教育の実施方法、③教員の資質能力に関わる要件は、専門職（短期）大学と同様に設けられているため、以下では「専門職大学設置基準」での記述をもとに整理する。

①教育課程の編成

まず、前述のように、専門職（短期）大学の修業年限は2～4年となり、4年制の場合は前期課程と後期課程が設けられる。当該課程の「必要な授業科目を、産業界及び地域社会と連携しつつ、自ら開設し、体系的に」編成して、「専攻に係る職業」に関わる「状況の変化に対応し、授業科目の内容、教育課程の構成等について、不断の見直しを行うもの」とされている（第10条）。そして、教育課程の編成においては、「産業界及び地域社会との連携」を図る教育課程連携協議会が設けられるべきであるとされている。この教育課程連携協議会の構成員としては、学内の教職員とともに、「当該専門職大学の課程に係る職業に就いている者又は当該職業に関連する事業を行う者による団体のうち、広範囲の地域で活動するものの関係者であって、当該職業の実務に関し豊富な経験を有するもの」の参加も認められるという（第11条）。

②教育の実施方法

教育課程連携協議会などを通して形成される教育課程は、必修科目、選択科目、そして自由科目に分けられ、専門職大学の前期・後期課程を卒業するには計124単位の科目の履修が必要とされている（第12条、第29条）。各科目はまた、その教育内容によって、基礎科目、職業専門科目、展開科目、総合科目の4種類に分けられる。4種類の科目で修得すべき単位数と育成すべき能力は第13条、第29条で決められている。具体的には、まず、職業専門科目が約半数を占める60単位以上とされ、この職業専門科目で育成する能力は、「専攻に係る特定の職業において必要とされる理論的かつ実践的な能力及び当該職業の分野全般にわたり必要な能力」であるとされている。また、基礎科目、展開科目はそれぞれ20単位以上の履修が必要とされ、それぞれ「生涯にわたり自らの資質を向上させ、社会的及び職業的自立を図るために必要な能力」と、「専攻に係る特定の職業の分野に関連する分野における応用的な能力」を育成することを求めている。最後に、総合科目では4単位以上の履修が必要で、この科目では「修得した知識及び技能等を総合し、専門性が求められる職業を担うための実践的かつ応用的な能力を総合的に向上させる」という。

このような教育課程の実施形態のうち、とりわけ実験、実習および実技の科目に注目し、これらの科目の履修によって得られる単位数およびそのために必要な授業時間数を確認すると、以下の2点がわかる。まず、「実験、実習及び実技については、三十時間から四十五時間までの範囲で専門職大学が定める時間の授業をもって一単位」とされ、企業内実習が上述の卒業に必要な単位数のうち、20単位以上になるように教育課程を編成することが求められている（第14条）。また、新卒者や社会人などのような多様な入学者の存在が想定されており、入学前の実務経験によって「当該職業を担うための実践的な能力を修得している場合」、当該経験が30単位を超えない範囲の授業科目の履修とみなす、「入学前の既修得単位等の認定」方法も定められている（第26条）。

③教員の資質能力

各科目の教育活動を担う教員組織については、専任教員数が決められているとともに、そのうち、実務経験を有する専任教員が全体の4割以上を占めるとされている（第36条）。「専門職大学全体の収容定員に応じ」て定められる専任教員数は、別表第一に定められており、収容定員が400人までの場合、専任教員数が7名であり、収容定員が800人までの場合、専任教員数が12名であると明記されている。加えて、「大学全体の収容定員」と「学部の種類及び規模」に応じて定められる全専任教員の4割以上を占めるべきであるとされる実務経験を有する教員の定義も定められている。すなわち、「専攻分野におけるおおむね五年以上の実務の経験を有し、かつ、高度の実務の能力を有する者」であり、ここでいう実務経験は、大学における関連専攻分野での教授経験と、企業に在職する際の当該職業分野での実務経

◆図1　専門職（短期）大学と従来の大学および専門学校と位置づけの比較

出典：文部科学省「専門職大学・専門職短期大学について」(2019年)（https://www.mext.go.jp/component/a_menu/education/detail/__icsFiles/afieldfile/2018/12/07/1410448.001.pdf、2021年7月9日最終確認）。

験の2種類を指している（第36条）。

また、文部科学省は、設置基準とともに、専門職（短期）大学が高等教育体系に占める位置づけ、そして、専門職（短期）大学とその他の高等教育機関との特徴の相違点を図1のように示している。

図1から、文部科学省が提示している専門職（短期）大学は、既存の大学と専門学校の間に位置づけており、知識・理論とともに、実務に応用できる技能も重視する高等教育機関であることが読み取れる。以下では、文部科学省による機関像に対して、実際開学に至っている専門職（短期）大学の状況を確認する。

(2) 開学状況からみる専門職（短期）大学

学校教育法の改正および設置基準の施行にしたがって、最初の専門職（短期）大学が２０１９年４月に開学できるように、その開学準備、申請および設置認可が２０１７年度より行われた。すなわち、専門職（短期）大学の開学の申請は大学や短期大学と同様、開学前々年度の秋頃より行われており、２０２１年現在までは４年余りが経過している。２０２１年４月現在開学中の専門職（短期）大学の設置状況を整理すると、**表1**が得られる。この表には、開学中の専門職（短期）大学の計17校と、既に開学した専門職大学に新設の専門職学部、既存の４年制大学に新設の専門職学科の設置状況が掲載されている。その中で、静岡県立農林環境専門職大学と静岡県立農林環境専門職大学短期大学部は異なる機関として設置されているため、２校とカウントしている。この表からは次の３点の傾向が読み取れる。

■表1　専門職（短期）大学の設置状況（2021年7月現在）

区分	所在地	大学名 学部名	学科名	開設年度
公	静岡	静岡県立農林環境専門職大学 生産環境経営学部	生産環境経営学科	２０２０
公		静岡県立農林環境専門職大学 短期大学部	生産科学科（２年）	２０２０

私	東京	情報経営イノベーション専門職大学　情報経営イノベーション学部	情報経営イノベーション学科	2020
私	東京	東京国際工科専門職大学　工科学部	情報工学科、デジタルエンタテインメント学科	2020
私	東京	東京保健医療専門職大学　リハビリテーション学部	理学療法学科、作業療法学科	2020
私	新潟	開志専門職大学　事業創造学部	事業創造学科	2020
		情報学部	情報学科	
私	滋賀	びわこリハビリテーション専門職大学　リハビリテーション学部	理学療法学科、作業療法学科	2020
私	岡山	岡山医療専門職大学　健康科学部	理学療法学科、作業療法学科	2020
私	東京	国際ファッション専門職大学　国際ファッション学部	ファッションクリエイション学科、ファッションビジネス学科	2019
	大阪		大阪ファッションクリエイション・ビジネス学科	
	愛知		名古屋ファッションクリエイション・ビジネス学科	
私	高知	高知リハビリテーション専門職大学　リハビリテーション学部	リハビリテーション学科	2019
私	東京	ヤマザキ動物看護専門職短期大学	動物トータルケア学科（3年）	2019
公	兵庫	芸術文化観光専門職大学　芸術文化・観光学部	芸術文化・観光学科	2021
私	石川	かなざわ食マネジメント専門職大学　フードサービスマネジメント学部	フードサービスマネジメント学科	2021
私	愛知	名古屋国際工科専門職大学　工科学部	情報工学科、デジタルエンタテインメント学科	2021

私	大阪	大阪国際工科専門職大学 工科学部	情報工学科、デジタルエンタテインメント学科	2021
私	和歌山	和歌山リハビリテーション専門職大学 健康科学部	リハビリテーション学科	2021
私	香川	せとうち観光専門職短期大学	観光振興学科（3年）	2021
私	新潟	開志専門職大学（2020年開学） アニメ・マンガ学部（新設）	アニメ・マンガ学科（新設）	2021
私	愛知	名古屋産業大学 現代ビジネス学部（既設）	経営専門職学科（新設）	2021

出典：文部科学省「専門職大学等一覧」(https://www.mext.go.jp/a_menu/koutou/senmon/1414446.htm、2021年7月9日最終確認）より筆者作成。

まず、開学中の専門職（短期）大学の区分と所在地のカテゴリーからみると、私立のもの、そして東京都に設置されるものが多いことがわかる。17校のうち、前述の静岡県立の2校と、2021年4月に新たに開学された兵庫県立の1校以外はすべて私立である。所在地の傾向からみると、2020年以前に開学された11校のうち、三つの都市にキャンパスを置く国際ファッション専門職大学の1校を除き、残り10校は東京都にある4校と、そのほかの都市に置かれる6校からなる。

一方で、2021年4月に新設の専門職（短期）大学は新たな特徴を示している。すなわち、所在地を確認すると、新設の6校の専門職（短期）大学と、既存機関に設置される専門職学部・専門職学科の所在地はすべて地方であり、それまでに開学された専門職（短期）大学の東京都に集中する傾向とは異なる特徴が読み取れる。これら2021年新設の機関や組織の状況を、学科名のカテゴリーから確認すると、アニメ・マンガのような日本の特色が反映される専攻分野、そして観光業や情報学などに関する専攻分野の開設もみられる。

さらに、専門職（短期）大学に設置される学問分野を、2020年以前開学の専門職（短期）大学の学科名のカテゴリーから確認すると、医学、そして情報学に関連する専攻が多数を占めることがわかる。11校のうち、療法学、リハビリテーションなどをはじめとする医学関係の専攻分野が5校に設置されており、情報学に関する専攻分野のある機関数が3校になっている。設置される専攻分野はある程度専門職（短期）大学という高等教育機関類型の特質を反映していると考えられる一方で、こうした専攻の設置は、現在の社会に存在する人材育成に関わる需要や課題を反映しているとも推測できる。

このように、専門職（短期）大学は、55年ぶりに新設された高等教育機関類型として、その設置は産業界・職業に関わる変化および既存の高等教育機関の人材育成機能に総合的に対応して行われたものであり、国内外での通用性および多様な進学者を想定した教育課程の設置が行われているものである。こうした新型の職業教育を志向する高等教育機関の今後の展開の方向性および可能性について、さらに注目していきたい。

キーワード解説6

GIGAスクール構想

GIGA (Global and Innovation Gateway for All) スクール構想は、2019年12月の閣議決定『安心と成長の未来を拓く総合経済対策』が基盤となっている。Society 5.0時代を担う人材育成や個別最適化学習を推進するため、義務教育の全児童生徒が１人１台端末を活用できる環境を目指し、整備主体である地方公共団体（設置者）に財政支援を講ずる施策である。2018年の「教育のＩＣＴ化に向けた環境整備５か年計画」では、学習者用端末の３クラスに１クラス分程度の整備等を進めてきた。GIGAスクール構想は本計画に加え、⑴学習者用端末１台あたり上限4．5万円を補助し、2023年度までに義務教育機関の「端末３クラスに２クラス分の配備」、⑵国によるモデル仕様書（「Windows」「Chrome OS」「iPadOS」）や都道府県単位での共同調達、等の方策がとられた。

さらに、新型コロナウイルス感染症の流行に伴いオンライン教育へのニーズが高まる中、2020年度補正予算において⑴端末整備の前倒し支援（2019年度の措置対象の小５～中１に加え、残る全学年を追加）、⑵モバイルルータの家庭無償貸与に係る経費支援、等の加速化が進められた。従来の地方財政措置中心の計画では未達成であった端末整備であるが、本構想に加え「EdTech（経済産業省）」「ローカル５Ｇ活用モデル（総務省）」等の省庁横断的な取組を通じた成果が注目される。

（開沼　太郎）

第10章

教師教育をめぐる改革動向

教師教育改革は、教師への期待と不信というアイロニカルな視線が原動力となっている。改革として、何かについての必要性が語られる時、何かについては語られていない。私たちは、教師教育改革が何を強調し何を省略しているのかを見定めた上で、これからどこに向かうべきなのかを構想していく必要がある。

若松大輔／石井英真

教師教育改革は、21世紀の日本の教育改革の一つの柱である。その背景には、1990年代から不登校やいじめ、学級崩壊などの問題がマスコミで取り上げられ、国民による学校不信や教師バッシングのムードが高まってきたことがある。そこでこのような状況に対して、教育行政は、教師の資質能力の向上を謳うことで乗り越えようとしてきたのである[1]。ゼロ年代の教師政策は、「大学と学校が連携して養成と現職研修を連続させること、大学が主導して教師に求められる知識・技能を明確にすること、体系化された現職段階の研修において必要な知識を獲得していくこと、学校現場が教師の研修の拠点となること」[2]ということが目指されていた。しかしながら、2010年代の政策は、現場における実践志向は引き続き強いものの、大学の主導性は後退している。そして、教師と大学に対する不信を背景に、行政のコントロールは拡大し続けている。その結果、養成や研修におけるスタンダード化が進行し、教師の専門職としての自律性は縮小している。つまり、専門性／専門職性の向上を謳う政策の中に、脱専門職化を推し進める論理が含みこまれているのである[3]。

本章では、主に養成段階と現職段階に着目して2010年以降の教師政策を概観し、その特徴を浮き彫りにした後、とくに顕著な動向であるスタンダード化と教師の専門性および労働環境をめぐる議論を取り上げて検討していく。

---

(1) 藤原顕「現代教師論の論点」グループ・ディダクティカ編『学びのための教師論』勁草書房、2007年、1〜25ページ。

(2) 八田幸恵「21世紀の日本における教師教育改革について」南部広孝・高峡編『東アジア新時代の日本の教育』京都大学学術出版会、2012年、219ページ。

(3) 丸山和昭「日本における教師の〝脱専門職化〟過程に関する一考察」『東北大学大学院教育学研究科研究年報』第55集、第1号、2006年、181〜196ページ。

1　2010年以降の政策動向

(1)　2012年の中央教育審議会答申

2000年代以降の教師教育政策は、戦後の理念である「大学における教員養成」と「開放制の教員養成」という二大原則の「限界」を克服しようという企図が底流にある。端的に言えば、教育行政は、これらの原則に基づく教員養成では、大学が、学校現場が抱える課題に実践的に対応できる教師を十分に養成できていないという立場を表明したのである。このような課題の把握がどのような形として現れたのかを、2012年と2015年に出された中央教育審議会（以下、中教審）の答申を中心に探っていこう。

2006年に出された中教審答申では、学部段階で学んだ知識を総合する機会としての「教職実践演習」の新設および必修化、実践的指導力を身につけるための「教職大学院」の創設、変化する時代に対応するために知識を刷新することをねらいとする「教員免許更新制」の導入が図られ、順次制度化された。これらはいずれも、教師を生涯学習者として位置づけ、「実践的指導力」をキーワードとする改革である。2012年および2015年の答申は、基本的にこの延長線上にあると言える。

2012年8月28日に提出された中教審答申「教職生活の全体を通じた教員の資質能力の総合的な向上方策について」は、名称のとおり、教職に関わる養成・採用・研修の一体改革として打ち出された。この答申における基本方針は「教員養成の高度化」と「学び続ける教員像」の確立である。

「教員養成の高度化」については「初任者が実践的指導力やコミュニケーション力、チームで対応する力など教員としての基礎的な力を十分に身に付けていないことなど」が問題視され、「教員養成段階において、教科指導、生徒指導、学級経営等の職務を的確に実践できる力を育成する」ことが目指された。そして「教員を高度専門職業人として明確に位置付ける」ために、教職大学院の拡充などにより教員養成の修士レベル化が提案された。

「学び続ける教員像」の確立に関して、答申は「教職生活全体を通じて、実践的指導力等を高めるとともに、社会の急速な進展の中で、知識・技能の絶えざる刷新が必要であることから、教員が探究力を持ち、学び続ける存在であることが不可欠である」と述べている。教師が学び続けることをサポートするために、これまで分断されていた大学と教育委員会が連携・協働して現職研修を充実させることが求められた。2006年答申ですでに示唆されていた生涯学習者として教師をとらえる見方は、2012年答申の「学び続ける教員像」というキーフレーズで印象づけられ共有されたと言えよう。また、それを支えるために大学と教育委員会の連携が謳われたことも重要なターニングポイントである。なぜなら、このことにより「大学の独立性を主張しにくくなり、大学があたかも行政の一部のように位置づけられる事態も生じる」(4)と指摘されているように、大学の自律性が後退し、教師教育のための行政機関化が進行することにつながっているからである。

(2) 2015年の中央教育審議会答申

続いて2015年12月21日に、中教審から「これからの学校教育を担う教員の資質能力の向上について～学び合い、高め合う教員育成コミュニティの構築に向けて～」という答申が出された。学び続ける教員像や実践的指導力の強調、あるいは教職大学院の拡充といったことが、引き続き基本的なスタンスであることには変更がない。その上で、この答申では、養成段階における改革として、学校インターンシップの導入や教職課程における科目の大くくり化などが提案され、研修に関しては教員育成指標の策定が示された。

学校インターンシップについては、政権与党の自由民主党の教育再生実行本部の「第二次提言」(2013年)で提案されていたものが中教審答申に盛り込まれる形となった。この制度は、通常学部の3年次あるいは4年次で行われる教育実習とは別に、たとえば学部1年次から学校現場で実際に体験しながら教職について学ぶこ

(4) 油布佐和子「教師教育の高度化と専門職化」佐藤学編『学びの専門職としての教師』岩波書店、2016年、145ページ。

とをねらいとするものであり、現場における実践志向が表れている。また、教職課程の科目の大くくり化は、これまでの「教科に関する科目」と「教職に関する科目」等の区分を撤廃して、大学の創意工夫による質の高い教職課程を編成することをねらいとしたものである。このような柔軟な教職課程編成の推奨と同時に、ファカルティ・ディベロップメントなどを通して教職課程担当教員の資質能力の向上も主張された。なお、研修段階に関わる教員育成指標については次節で詳しく見ていくこととする。

(3) ２０１０年以降の教師教育政策に対する批判的考察

では、これまで見てきたような２０１０年代の教師教育政策は「成功」したと言えるのだろうか。２０１３年に油布は「実践的指導力は、現場の教師の無力感を（少なくともイメージの上では）解消するような概念として登場したのであり、それは、現場での困難に直面した人々の存在と大学教育への失望を背景にして、それを打開する役割を付与されたマジックワード」であると評し、現実的には「教育現場を中心とした『現場主義』への傾斜であり、いま一つは『実践的指導力』を明示する『規準・基準』設定の動き」[5]として展開していると指摘していた。２０１５年答申は、養成・採用・研修を串刺しにする形で、まさにこの事態を具現化した。実践的指導力を育てるための養成段階における現場主義は、学校インターンシップや

---

(5) 油布佐和子「教師教育改革の課題」日本教育学会編『教育学研究』第80巻第4号、２０１３年、80ページ。

各自治体が主催する教師塾への参加の熱を見れば、学生たち自身もそれを望んでいることが少なからずあると言えよう。即戦力を身につけて教員採用試験に合格したいという学生の願望に応える形で、一部の大学では、学問を修めることよりも、目先の採用試験の対策のための機関となってしまっている。

また、2015年答申では、教職課程を大くくり化することで大学の自由な創意工夫を尊重しているようで、同時に記された「本答申を踏まえ、関係法令及び後述の教職課程の編成に当たり参考とする指針（教職課程コアカリキュラム）の整備のための検討を進める必要がある」という一文が入っており、実際2017年11月17日に「教職課程コアカリキュラム」がトップダウンで策定されることになった。このことにより、厳格な課程認定が行われるようになり、各大学独自の取り組みは制限されることになった。このような大学の自律性の後退と現場主義への傾斜は、主体的で知性的な教師を育てるという戦後の理念を大きく揺るがしている。

繰り返しになるが、2010年以降の教師教育政策の基本線は、学び続けることと実践的指導力を強調することで、学校現場の複雑な課題に応えようとするものである。すなわち、大学と教育委員会と学校現場が連携することで、養成・採用・研修を一体化して実践的指導力を身につけることを目指すものであった。しかしながら、実践的指導力とは何なのかという本質的な問いが宙づりにされたまま、あるいは表層的なテクニックと解された状況で、学び続けることが強調されているため、教師たちは、次節で検討する教員育成指標などの、各教師の外部で策定されたスタンダードに記された教職に関わる知識や価値観を従順に内面化する傾向があると言えよう。そのような機械的な実践的指導力のありようでは、本来目指されていた複雑な課題に応えることができないのではないだろうか。

また、本節では現場主義の傾向を批判的に述べてきたが、現場主義それ自体が問題なのではない。そうではなく、大学と学校現場のそれぞれでしか学ぶことができない知が明確化されておらず、早くから学校現場に行きさえすれば教師に必要な力量が身につくという認識が問題なのである。専門職としての教師に求められる力量については、第3節で検討していくとして、次節では、教師政策の中で顕著な動向であるスタンダード化という現象を、養成と現職研修の双方のものを取り上げて検討していこう。

2 スタンダード化をめぐる論点

(1) 教職課程コアカリキュラム

子どもの学びの枠組みをスタンダード化する動きは、世界規模で加速している。2010年代の日本においては、教師教育の分野にもその動きが現れてきた。主なものは、養成段階の目標および内容を規定する教職課程コアカリキュラムと、現職教師の発達段階（キャリアステージ）を描く教員育成指標である。これらは、いずれも専門性／専門職性への寄与、すなわち教師の資質能力の向上や質保証を企図したものである。本節では、このスタンダード化の概要を説明した上でその意義と課題を示したい。

教職課程コアカリキュラムは、前述したように、2015年の中教審答申の中でその必要性が説かれ、実際に2017年に公表された。このコアカリキュラムとは「教育職員免許法及び同施行規則に基づき全国すべての大学の教職課程で共通的に修得すべき資質能力を示すものである」と説明されている。作成の背景には、従来の大学における教員養成は、学芸に重きを置き、実践性を軽視してきたことが挙げられている。したがって、コアカリキュラムは、教員養成を各大学の自由に任せるのではなく、この学芸と実践性を備えた教師を養成するための共通基盤を示すことにねらいがある。

コアカリキュラムは、教員免許取得に必要な科目ごとに、全体目標と領域の下位区分ごとの一般目標および到達目標が記述されている。科目「教育の方法及び技術（情報機器及び教材の活用を含む。）」を例に具体的に見ていこう。この科目の全体目標は「教育の方法及び技術（情報機器及び教材の活用を含む。）では、これからの社会を担う子供たちに求められる資質・能力を育成するために必要な、教育の方法、教育の技術、情報機器及び教材の活用に関する基礎的な知識・技能を身に付ける」というものである。この科目の下位区分は「教育の方法論」、「教育の技術」、「情報機器及び教材の活用」の三つから構成されており、それぞれに一般目標と2〜4の到達目標が記載されている。「教育の技術」の一般目標は「教育の目的に適した指導技術を理解し、身に付ける」であり、到達目標として、板書などの基礎的な技術を身につけることと、学習指導案を作成することができることが明記されている。初任時に、すでにある程度の即戦力が身についている状態にしようという意図が読み取れる。

また、「含む事項」である情報機器の活用について、下位区分の一つを割いていることにも注目しなければならない。「含む事項」が、単なるオプションではなく、一般目標を有する下位区分の一つを構成していることは、「教育の方法及び技術」に限らずあらゆる科目に共通している。牛渡も指摘しているように、「『含む』というのは、各学問分野の中に含むという意味で考えるべきであり、各学問分野と同等の柱になるものではない。……その科目の学問的体系や学問の全体性を無視」[6]していると言わざるを得ない。すなわち、コアカリキュラムの内容面においては、実践性を強調するあまり、文化遺産としての教育学の学問性を軽視する結果になっている。[7]

コアカリキュラムは作成過程における課題も小さくない。作成にあたって文部科

(6) 牛渡淳「文科省による『教職課程コアカリキュラム』作成の経緯とその課題」『日本教師教育学会年報』第26号、2017年、34ページ。

(7) 2020年8月18日に公表された日本学術会議による「大学教育の分野別質保証のための教育課程編成上の参照基準　教育学分野」は、このようなコアカリキュラムによる学としての教育学軽視に対するオルタナティヴという側面を有している。

学省の審議会は、わずか5回しか開催されておらず、審議時間もあわせて合計10時間程度にとどまった。教員養成の共通基盤を作成するには、あまりに審議の期間が短いと言えよう。また、各科目を専門とする諸学会が参加して作成していない問題も指摘されている。その結果、コアカリキュラムの「策定権限は国家にあることから、ときの政府によって恣意的に変更することが可能となる。こうしたことが許されるなら、大学関係者の知らないところで、今後もコアカリキュラムは、国家の望む方向……に修正・変更されることになるだろう」[8]と批判されている。

教職課程コアカリキュラムの議論は、これまでの大学における教員養成を再検討する契機となった。従来の大学の自由を基盤とする教員養成は、教師に求められる共通の資質能力を準備することが困難であった面が少なからずあり、コアカリキュラムは、このことに対する一つの政策的応答と見ることができる。しかしながら、作成過程の課題やその結果としての内容面における課題があり、大学の自律性によって担保されていた学問性の後退を招いている。さらに、コアカリキュラムの取り扱いについても強制力が強いため、教員養成の内実がますます画一化され、その結果、没個性的な教師の増加が懸念される。

(2) 教員育成指標

次に、現職教師のキャリアステージをスタンダード化したものである教員育成指

(8) 木村浩則「教職コアカリキュラムと教師教育の変質」『人間と教育』第105号、2020年、42～43ページ。

標について検討していく。教員育成指標の作成は、2016年の「教育公務員特例法等の一部を改正する法律」を法的根拠としている。その作成手続きは、文部科学大臣の指針を受けて、教師の任命権者、つまり教員採用を行う各自治体の教育委員会が中心となって指標を作成し、それに基づき教師の研修計画を定めるという流れになっている。

具体的に、大阪市の教員育成指標を例に取って見てみよう。指標の観点は、大項目・中項目・小項目が入れ子状になっている。大項目は、「基本的資質」「子ども理解」「学習指導」「組織の運営と参画」の四つが定められている。そして、たとえば大項目「学習指導」は、中項目として「授業デザイン」と「授業実践」に分けられ、さらに小項目として「授業デザイン」は「指導計画」「教材研究」「授業研究・授業改善」「個に応じた指導」「授業評価」に、また「授業実践」は「考え表現する学び」「話し合う学び」「めあてを振り返る学び」に細分化されている。このように、各大項目には、2~3の中項目と、さらに各中項目内に2~4の小項目が割り当てられている。

キャリアステージは、「0ステージ（大阪市が求める着任時の姿）」、「第1ステージ（初任教員）」、「第2ステージ（若手教員）」、「第3ステージ（中堅教員）」、「第4ステージ（中核・ベテラン教員）」の5段階に分けられる。これらの小項目の観点と各ステージをマトリックスにして、教師の能力の目標が定められている。たとえば、小項目「指導計画」において、「0ステージ」では「学習指導要領の教科等の目標や内容を理解している」、「第2ステージ」では「単元や教材の特性を理解し、目標を明確にした学力向上につながる効果的な指導計画を作成することができる」、「第4ステージ」では「学校の教育目標・課題に応じたカリキュラム・マネジメントの実施について教職員が共通理解できるよう指導・助言することができる」となっている（第1・3ステージは割愛）。

各自治体によって、教員育成指標の項目数などに違いは見られるものの、テキストマイニングなどの計量調査を行った独立行政法人教職員支援機構（NITS）の報告によると、「『採用前・採用時』の者には、『基礎』的で『重要』な『知識』『理解』を身に付けること……『初任教員』には、子どもの『学び』に関連する『授業』『実践』の能力……の獲得が求められていると解される。『若手・中堅教員』においては、同じく実践に立脚しつつ『実践』『他の教職員』への『助言』、『地域』等との『連携・協働』への職能期待の広がりが見られる。そして『ベテラン教員』には、それらを共有しつつ、教職員への『指導・助言』や『組織』『体制』次元に関する能力……がさらに強く求められている」[9]という一般的特徴を有している。

教員育成指標は、「学び続ける教員像」を確立するための目的的で連続的な教員研修を計画する上で、一定意味があると言えよう。しかしながら、子安が「各ライフステージが固定的な単一の教師像を描くものとなっている」[10]と指摘しているよう

(9)　独立行政法人教職員支援機構『平成30年度「育成協議会の設置と育成指標・研修計画に関する調査研究プロジェクト」報告書』2019年、27ページ。

(10)　子安潤「教育委員会による教員指標の『スタンダード化』の問題」『日本教師教育学会年報』第26号、2017年、42ページ。

に、教員育成指標は、あらゆる教師に共通する単調な右肩上がりの発達を前提としている点に課題がある。教師の専門性発達は、変化する状況で直面する課題に応じる中で、蓄積だけではなく喪失を含みつつ成長していくという選択的変容型の発達過程であることが、日本における教師のライフコース研究で明らかにされてきた[11]。このことを踏まえると、単一の直線的な発達を強要するスタンダードは、専門職の学びとして妥当ではない。

また、教師個々人の外部で作成された教員育成指標と、それに基づく教員研修および教員評価のシステムを厳格に運用することは、自ら思考・判断する力と意志を教師たちから剥奪するように機能してしまうことも懸念される。今後は、たとえば複数の指標を準備して参考資料という扱いにとどめるなど、教師の自律性を基盤とした力量形成を制度的に支援していく方法を模索していく必要がある。最後に、これまで見てきたような政策とパラレルに進行している、日本の教師の位置づけを確認し、より望ましい方向性について考察したい。

(11) 山﨑準二『教師の発達と力量形成』創風社、2012年。

3　教師像と教職の専門性をめぐる論点

(1) 現代日本における教師の専門職性の課題

ここでは、教職の置かれている社会的状況との関連で、教師教育の課題を整理する。戦後教育改革で「大学における教員養成」を実現することで、1970年代までは日本の教師の教育歴は国際的に見て高水準であった。しかも、民主社会の担い手として、経済復興の担い手として、公共的使命と責務の遂行者として、教師は社会的に信頼されてきたし、待遇面も国際的に見れば比較的恵まれていた。こうした日本の教師の状況は、1984年の臨時教育審議会答申から現在まで続く新自由主義的な政策の下で急激に変化してきている、と佐藤は指摘する。「新自由主義の政策とイデオロギーは、国家による集権的統制を市場競争による統制へと転換し、公的領域を私事化して極小化し、国家と社会の責任を自律的個人の自由な選択による自己責任へ転換し、命令と通達による管理統制から、査定と評価による管理統制へと転換させた」(12)というのである。そして、「グローバリゼーションによって『分権改革』が急速に進行し、学校行政は、中央集権的統制から『教育消費者』の市場セクターと『納税者』の地域共同体のセクターによる統制へと移管されてきた。

(12) 佐藤学「学びの専門家としての教師」佐藤、前掲書、2016年、3ページ。

……今日の教師は日本社会の『公共的使命』を背にして立つ存在ではなく、『教育消費者』としての保護者や『納税者』としての市民に献身的にサービスを提供する『公衆の僕（public servant）』」へと変化している」[13]と述べる。

日本の教師たちの待遇や社会的地位は切り下げられ、公教育への不信ムードも高まる中、教師たちは、仕事への手応えも誇りも得られず、厳しい労働条件の下で徒労感を蓄積させている。しかも、国際的にも大学レベルどころか、修士レベルの教員養成が一般的になろうとしている中で、専門職としての自律性や待遇という面において、今や日本の教師をめぐる状況は、他国に比して著しく遅れているのである。これに対して、佐藤は、教師の「声」の復権、専門職としての自律性の確立、専門職としての地位と待遇の改善の三つの原理で教師教育改革をデザインすることの必要性を説いている。専門職基準の確立と専門家協会の創設などを含んで、教職の高度化と専門職化を遂行することが急務なのである。

また、教職の地位と待遇に関して、教師の長時間労働が問題視され、働き方改革も進められている。２０１６年に文科省が実施した公立小中学校教員の「教員勤務実態調査」において、過労死ラインを超える週20時間以上の残業をしている教師は小学校教諭で33・5％、中学校教諭で57・6％に上るという事実が示された。この調査には持ち帰り仕事は含まれておらず、それを加えれば残業時間はさらに多いと推察される。しかも、「給特法」と呼ばれる法律により、給与月額＋その４％分を

(13) 佐藤学「教育改革の中の教師」同右書、14ページ。

受け取る代わりに、残業ではなく自発的活動とみなされる、「定額働かせ放題」の状況が明らかとなった。(14)

これに対して、文科省は、2017年12月に「学校における働き方改革に関する緊急対策」を公表し、2019年1月に中教審は、「新しい時代の教育に向けた持続可能な学校指導・運営体制の構築のための学校における働き方改革に関する総合的な方策について（答申）」を発表した。答申が示す働き方改革の内容は、一つには、学校や教師の業務の明確化である。学校の各種業務が、「基本的に学校以外が担うべき業務」（例：登下校時の見守り）、「学校の業務だが必ずしも教師が担う必要のない業務」（例：部活動の指導）、「教師の業務だが、負担軽減が可能な業務」（例：授業準備）の三つの観点から検討されている。

もう一つは、勤務時間の上限規則である。これまで自発的勤務と整理されてきた各種業務の時間を勤務時間管理の対象とし、ガイドラインを定めた。しかし、財源がないために、法的に残業時間が認められたわけではなく、2019年12月の改正「給特法」により、業務の少ない「閑散期」の労働時間の一部を、業務が集中する「繁忙期」に付け替えるという「一年単位の変形労働時間制」が可能になった。

給特法については、夏休みなども閑散期ではなく、年休も十分に消化できていない状況で、実効性に欠ける。また、事務作業、会議、成績処理、掃除などの業務の削減や効率化、外注なども進められつつあるが、部活動や行事など、教育活動本体

(14) 内田良・広田照幸・高橋哲・嶋﨑量・斉藤ひでみ『迷走する教員の働き方改革』岩波書店、2020年。

に関わる部分にメスを入れたり、聖職者意識ともつながる多忙をやりがいとする教師文化の問い直しも課題である。労働者としての条件整備の先に、専門職としての教職の待遇改善につなげ、また、聖職者意識を専門職倫理へとつないでいくことが課題であろう。

(2) 現代日本における教師の専門性の課題

こうして教職の専門職性の危機が進行している一方で、教師の専門職としての内実（専門的力量）の空洞化も進行している。１９９０年代以降、日本では、教師の専門職像について、ショーン（D. A. Schön）による「技術的熟達者」と「省察的実践家」の二つの考え方が対立関係、あるいは相互補完関係として並置され、教師教育改革の議論を枠づけてきた。しかし、日本においてそれは、「教え」から「学び」への授業実践のパラダイム転換と結びついて提起された[15]。「省察的実践」の重視は、事前の設計よりも事後の振り返りを、そして、事後の振り返りにおいては、「教える」営みの検討よりも「学び」のプロセスの理解を、一面的に強調する傾向を生み出した。他方、「教える」営みや授業の技術的過程を強調することは、「教え込み」や教育実践の効率化・硬直化を招くものとみなされがちであった。

技術的熟達化にも、定型的熟達化と適応的熟達化の二つの可能性があるのであって、教えることや技術性を強調することがただちに効率性の強調を意味するわけで

(15) 佐藤学『教師というアポリア』世織書房、１９９７年を参照。

はない。他方、省察も、そもそもの問題設定の枠組みの問い直しや知識創造に至る問題探究のサイクル（問題探究的省察）として遂行されなければ、既存の枠組みを強化し、実践の硬直化をもたらすことになる（問題解決的省察）。「省察的実践家」概念が対象化しようとした、専門職の創造的な資質（状況への柔軟な対応力・判断力）は、実践をデザインする営みや、実践の外側で構成された知を学び、それを実践に適用する学習の道筋と必ずしも対立するものではない。

主に国や自治体の教員研修での実践を基礎づけている「技術的熟達者」モデルは、ともすれば教科内容や教材への理解を欠いたハウツーやスキルの習得に向かいがちであり、手続きの意味を熟考することなく効率的にこなす実践を生み出しがちである。一方、「省察的実践家」モデルを掲げた、校内研修、自主研究会、教職大学院での事例研究などは、子どもたちの「学び」の解釈に終始しがちであり、教師の「教え」との関連でそれを検討する視点を欠きがちである。しかも、事実の表層的な交流を越えて、その意味の解読や理論構築（暗黙知の形式知化）にまで至ることもまれである。「実践的指導力」が過度に強調される中で、「技術的熟達化」は「定型的熟達化」に、「省察」は「問題解決的省察」に矮小化される傾向がみられる。(16)

現代社会は、学校が知識・技能を量的に保障するだけでは満足せず、高度で柔軟な知的能力や、異質な他者とのコミュニケーション能力といった資質・能力の育成をも学校に求める。考える力や態度を育てるには、内容を学び深めることが必須で

(16) 石井英真「教員養成の高度化と教師の専門職像の再検討」『日本教師教育学会年報』第23号、２０１４年を参照。

あり、そのプロセスでその教科の知的営みの本質に触れるような授業（「教科する（do a subject）」授業）が目指される必要がある。[17] そして、そうした「教科する」授業は、教科のより高い専門性を教師に要求するし、「総合的な学習の時間」などでの探究的な学びを指導する上で、教師自身の学問する・研究する経験が重要である。また、思考力・判断力・表現力等の育成は、一朝一夕になされるものではなく、中長期的な視野での実践が求められる。しかし、1990年代以降、教師教育改革において、教科の専門性（教科内容構成や教材開発の力量）よりも、授業の指導技術や学級経営力などが強調されがちであった。

また、学校教育をめぐる問題が複雑化する中、教師個々人や教師集団の問題解決能力や変化への対応力が求められている。そしてそれらは、実践的な問題解決過程において、「なぜ」と問いを立て探究を進め、理論的知識をアレンジしたり、暗黙知から形式知を創造したりしていくことで、より柔軟で汎用性をもったものとなっていく。しかし、教育現場で知識創造に向かう余裕や日常的な語らいの機会が減少し、教師教育改革において即戦力的な「実践的指導力」や職業人（公務員）としての心構えが強調される中で、教育の理念や子どもや授業に関する「観」について学び深めていく機会が空洞化し、教師や学校の実践研究・理論創出の能力や問題を深く洞察する能力がやせ細ることが危惧される。

(17) 石井英真『授業づくりの深め方』ミネルヴァ書房、2020年。

本章では、2010年代以降の教師教育をめぐる改革動向を政策と実態を中心に検討してきた。日本の教師は、単なる「teacher」という役割だけではなく、生活指導や管理運営も担っている。このことは、膨大な労働時間と仕事量を課すことになっており、教師の多忙化が解消されていない。このような状況の中で、教師政策は「実践的指導力」を強調してきた。十分にゆとりがない状態で、実践的指導力の内実を問わずに強調することは、結果として、「こうすればよい」という技術主義の広がりと、それを支えるスタンダード化という動きを招き入れている。教師の専門性における重要な概念である「省察」も、このような環境では、自身の実践を根本的に問い直すことにはつながらず、むしろこの方向性を下支えしてしまっているように見える。

今後は、一人ひとりの教師が個性的な授業づくりや学級経営の力量を形成していけるような政策を考案しなければならないだろう。言い換えれば、教師の自律性を基盤として画一化を回避しつつも、全体として教師の力量形成をサポートする仕組みの開発が求められているのである。そのための政策上の最優先事項は、教師たちが「声」を上げることができるようになるための労働環境の改善であろう。その上で、教師の専門性に関わる研究の知見を踏まえて、教師たちと対話を通して、専門性/専門職性を保障する養成・採用・研修のシステムを構築していく必要がある。

（第1・2節　若松、第3節　石井）

キーワード解説7

新自由主義

新自由主義とは、自由市場において、個々人の企業活動の自由とその能力とが無制約に発揮されることによって、人類の富と福利が最も増大するという理論である。思想的には、フリードマン（M. Friedman）やハイエク（F. Hayek）の経済思想が基盤に据えられている。自由主義は、人間の内面の自律としての自由、また選択意志の自由を重視するが、この個人の自由を経済領域に要求する経済的自由主義として、スミス（A. Smith）の提唱した古典的自由主義が国家の制約と個人の経済活動の自由を提起した。不況時には政府が積極的に介入するケインズ（J. M. Keynes）の経済政策によって、一度この古典的自由主義は否定され、さらに福祉の公正な配分を求める福祉国家の台頭によって経済的自由が制限されたのに対して、新自由主義はこれら福祉国家政策を、個人の動機の低下や官僚機構の肥大化などを理由に批判することによって広まった。

新自由主義に基づく教育の特徴は、競争原理の導入と、市場的価値による支配である。その具体としては、授業料クーポン制度（教育バウチャー）がある。この制度は、授業料に相当するクーポン券を親に渡し、親が子どもの学校を選択するというもので、消費者としての親が子どもの教育を選ぶ自由と、学校間の競争を促している。さらには、少子化や過疎化を背景として教育の効率化を求める学校統廃合、また全国あるいは地方自治体が実施する学力テストによる学校間競争と学校選択制の導入が挙げられる。

（広瀬　悠三）

（参考）
・M&R・フリードマン、西山千明訳『選択の自由』日本経済新聞出版社、2012年。
・D・ハーヴェイ、渡辺治監訳『新自由主義――その歴史的展開と現在』作品社、2007年。
・F・ハイエク、気賀健三・古賀勝次郎訳『自由の条件Ⅰ－Ⅲ』春秋社、1986－1987年。
・教育思想史学会編『教育思想事典　増補改訂版』勁草書房、2017年。

第11章

日本の教育発展のこれからの課題

―地方から教育の世界を拓くオルタナティブ教育―

本章では日本の教育発展の課題として、公教育には一種類しか「学校」がないため、公教育の枠外のオルタナティブ教育が多様な教育を保障するうえで重要となり、公教育を補うだけでなく国境を越えた教育の可能性を示すそのオルタナティブ教育の実現に、地方自治体が大きな役割を果たすことを明らかにする。

広瀬悠三

1 日本の教育発展の三つの特徴

2010年代の日本の教育発展には三つの特徴がある。「新自由主義」と「それに対する応答としての社会への開放性」、そして「新たな人間中心主義」である。経済的な利益追求を最優先する新自由主義は、教育においても経済的な利益をもたらすための教育、具体的には市場原理や競争原理の導入による教育行政や政策、方法・内容などの効率的な遂行、また利益に直結する教育を重視している。それに対して一元化された教育発展から零れ落ちた、子どもや学校の多様なニーズの保障が社会との関わりの中で求められるようになった。たとえば、教職員や地域の様々な専門人材等によって構成される「チームとしての学校」が、子どもや学校の多様な問題に対処するようになった。これは、一面では、少数者の利益の追求という限定はあるにせよ、利益追求の枠内にあるという意味では、新自由主義とも軌を一にしている。

最後の新たな人間中心主義は、科学・技術の発展に伴い人間に求められることが変化してきたことによっている。近代の教育は、動物と人間との対比において、いかに人間は本能と感性に縛られた存在である動物から脱して、理性的で統制のとれた社会的存在としての人間になることができるか、ということが最大の課題であった。それに対して、AIやロボットといったICTの発展において、そのようなAIと人間が対比的にとらえられ、いかにAIに代替されない人間の独自性を認識し、育て上げるかが、これからの人間を教育する上で、重要であると語られるようになった。AIなどでも可能な知識の記憶や機械的な作業ではなく、創造性や総合性、さらにはコミュニケーション力や社会的協働性といったものが、汎用的な能力としてますます尊重されるようになっている。

このような三つの特徴は、教育各種の制度や法令、政策に反映され、また学習指導要領を中心に教育内容の改革にも大きな影響を及ぼしている。しかしとりわけ新自由主義は、経済的な利益追求を推し進めるあまり、利益にすぐには合わないもの、あるいは直接には関係しないもの、しかし長期的かつ広い目で見れば人間の形成にとって重要であると考えられるものが切り捨てられるおそれがあり、批判や疑念が出ていることも紛れもない事実である。つまり、人間自体が、経済的な利益追求の道具として手段化されてしまっている、という批判である。これに対して、後二者は、新自由主義に比べれば、批判はそこまで大きくない。新自由主義とも決して相いれないものではないが、新自由主義の欠点を補いうるものだからである。このような特徴のある現在の日本の教育発展には、いかなる課題があるだろうか。

2 一種類しかない「学校」

日本の教育は、当然のことながら公教育が主流を占めている。ここで言う公教育とは、単に公立の学校教育ではなく、国が定めた設置基準を満たし、学習指導要領（幼稚園では幼稚園教育要領）に従っている学校（したがって、学校法人としての私立学校、私立幼稚園を含む）の教育を意味する。義務教育段階としては、学校教育法でいうところの一条校が公教育の学校である。日本には、したがって、学校は一種類しかない。設置基準を満たし、学習指導要領に従っている学校であり、そのような学校のみが卒業資格を与えることができ、学校として公的に認められている。

しかし学習指導要領は、学校教育の活動を、各教科の履修時間数や内容、また扱い方など相当程度規定しており（ただし時間割の組み方などは校長や教育委員会の裁量に任されてはいる）、数学に特化した学校や、体育を重視する学校、さらには芸術を中心に据えたカリキュラムをもつ学校などは、学校として認められない（義務教育段階ではない高等学校では、理数科や体育科、また音楽高校などが存在する。また義務教育段階では、私立学校では、道徳の代わりに宗教の授業を行うことが例外として認められている）。小学校も中学校も、学習指導要領に従っていない学校は、学校としては認められないため、もちろん様々なちがいはあるにせよ根本的には、全国どこへいっても学校である以上、同じことを教育していることになる。これは一面では、場所によらずに等しく同じ教育を受けることができるというある種の平等性を体現しているととらえることができる。

しかしながら、大人ですら好みや趣味から、考え方や価値観、職業に至るまで、きわめて多様であるのに、なぜ子どもが通わなければならない学校は、一種類しかないのだろうか？　子どもはまだ多様ではないのか？　しかし、子どもを見ればわかるように、すでにそのころから、好き嫌いもそれぞれの子どもで大きく異なり、また能力や発達段階にも、同じ年齢であっても大きな差が見られる。そのような多様な子どもが義務として通わなければならない学校が一種類しかないことは、不思議なことではないだろうか？　このようなことを示すかのように、義務教育段階で、学校に通いたくても通うことができない不登校の小中学校の子どもは、2019年度で18万人を超えている。[(1)] 理由は決して一義的ではないにせよ、18万人が学校に行かない、行けない、そしてもっと言えば、行きたい学校がない、選択肢がない、ということは、私たちに、制限された教育の問題点を投げかけてはいないだろうか？

現在の日本の教育改革は、公教育が議論の前提にしばしばなっている。公教育において、評価はどうすべきか、特別教科である道徳科では、どのように教科書を用いるべきか、教育委員会の役割と権限はどうすべきか。これらはすべて、学習指導要領に従っている公教育としての学校の枠内での議論である。しかしさらにこれか

(1)　文部科学省「令和元年度 児童生徒の問題行動・不登校等生徒指導上の諸課題に関する調査結果について」(2020年11月)、68～69ページ。https://www.mext.go.jp/content/20201015-mext_jidou02-100002753_01.pdf（2021年7月26日確認）

ら問題になるのは、そのような枠内から一度出ること、そしてそのような公教育の学校の枠組み自体を問い直し、学校の多様なあり方を吟味することである。

当然のことながら、公教育は重要である。しかし、公教育にどうしても合わない（ついていけない）多様な子どもの成長と発達を促すこともまた、そのような人たちと共生する未来の社会を創り上げるわれわれの責務ではないか。日本では、公教育の学校ではない「学校教育」は、オルタナティブ教育と呼ばれている。このオルタナティブ教育の特徴は、国が定めた学習指導要領に従って教育活動を行っていない、ということである。次節以降では、日本のオルタナティブ教育を行う学校に焦点をあてつつ、その現状と課題を考察することで、日本の教育発展のこれからのあり方を考えたい。

3 日本におけるオルタナティブ教育をめぐって

オルタナティブ教育が言われるときのオルタナティブ（alternative）とは、三つの意味を含んでいる。すなわち、⑴複数から選択できる「多様性」、⑵あるものとは異なっていてその代わりとなる「代案性」、⑶既存のものとは別の何かとしての「別様性」である。(2) 世界的には、1980年代以降とくに顕著に見られた新自由主義的な市場原理に従った学校改革、すなわち、国家主導の学校改革、また市場重視

(2) 永田佳之編『変容する世界と日本のオルタナティブ教育　生を優先する多様性の方へ』世織書房、2019年、86～90ページ。

の学校改革によって生み出された主流の教育とは異なる様々な第三の教育としてのオルタナティブ教育が注目を集めるようになった。具体的には、モンテッソーリ幼稚園・学校、シュタイナー学校、サマーヒル学校、フレネ自由学校、イエナプランに基づく学校、デンマークの自由学校（フリースコーレ）、サドベリーバレー学校、アメリカのチャータースクールといったオルタナティブ学校、またフリースクール、インターナショナルスクール、ホームスクールなどがある。

日本でも1980年代に、全国各地に「フリースクール研究会」や「登校拒否を考える会」が発足し、1990年代には不登校の子どもの急増もあり、フリースクールやフリースペースなど、民間による手作りの学びの場が次々と設立された。2000年代後半には、フリースクールを支援する超党派議員連盟が発足し、新しい法制度の検討も始められた。2010年代になると、シュタイナー学校やサドベリー学校、その他インターナショナルスクールやブラジル人学校等の外国人学校が連携を強め、多様な教育の機会を保障する法律の制定に向けて運動を行うようになった。このような状況の中で、2015年5月に「義務教育の段階に相当する普通教育の多様な機会の確保に関する法律案」（教育多様機会確保法案、馳浩座長試案）がまとめられ、「成立すれば、義務教育の場を学校に限った1941年以来の転換となる」（「フリースクールで義務教育　法案、7月にも提出」朝日新聞、2015年5月28日）と期待された。

しかし、オルタナティブの学校も学校として認めてしまうと、不登校の児童生徒のみならず通常の学校に通っている児童生徒までも通常の学校に行かなくなるおそれがあるとして、不登校の子どもへの支援を中心とした「義務教育の段階における普通教育に相当する教育の機会の確保等に関する法律（教育機会確保法）」が2016年12月に臨時国会で可決された。この教育機会確保法の制定をめぐる争点は、多様性を、既存の学校制度の内側で確保するか、それとも学校以外の学習機会にまで拡張して教育義務の履行（学習権の保障）を認めるかにあった。この法律では結果的に「多様な」という表現が削られ、学校の中でこそ多様性を尊重し、その外での多様性、多様な学びのあり方は保障されることはなかった。

現在の日本の公教育以外のオルタナティブ教育を行う学校は、学習指導要領に従っていない以上、学校として認められず、それゆえ国からの助成金もなく、それらの学校に通う児童生徒は通学のための学生定期券までも、得ることができないという厳しい状況にある。国からの助成金がないということは、利益を追求を主としない、企業とは異なる学校にとって、死活問題であり、教員の低い給与や、高い学費、また不十分な設備など、教育活動自体を実質的に行うことが非常に困難になることを意味する。換言すれば、国はオルタナティブ教育を行う学校を、何ら援助しないことで、それらの学校が消失することも厭わないほど軽視しているのである。

なぜこのように、日本は根本的に多様なオルタナティブな学校を認めないのであろうか？　江戸時代には自然発生的に広がった寺子屋があり、また大正時代には成城小学校や玉川学園、また自由学園や奈良女子師範附属小学校といった大正自由教育が、公立・私立を問わず様々な場所で花開いたように、日本では決して一様な公教育だけが重視されてきたわけではない。もちろん、1903年に国定教科書制度が定められ、明治期や戦前には教育の内容面で画一性は見られた。しかし「学校」という枠において、一様な公教育がとくに重んじられ始めたのは戦後である。格差を広げることなく国民に貧しさからの脱出をはかる教育がある程度成功することによって、公教育が教育の前提となり、多様で自由なオルタナティブ教育を行う学校は、ほとんど日の目を見ることはなかった。

また他方で、公教育の枠内であっても、ある程度多様で自由な教育実践がなされていたということも、公教育の外に教育の可能性があまり見出されなかった原因でもあった。優れた教育者は多く、生活綴り方教育や郷土教育など、日本が世界に誇る教育もなされるようになった。さらに1998・1999年学習指導要領改訂では、総合的な学習の時間が新設され、教員が教科書を使うことなく、自由に教科の枠を越えた学びを構築できるようになった。このことで、地域に根差した様々な独自の学習がなされるようになったことは注目に値する。

たとえば、長野県の塩尻市の公立小学校では、地元の木曽のひのきなどの木材を使用しながら、弦楽器・バンドーラを1年かけて作り、その後は保育園や高齢者施

(3)　広瀬俊雄・藤林富郎・池内耕作・広瀬綾子・広瀬悠三編『「感激」の教育――楽器作りと合奏の実践』昭和堂、2012年。

設、また春や夏まつりで演奏することによって、地域の人たちとのコミュニケーションをとり、地域のものから恩恵を受けながら、地域のものに働きかけて創造的に生きる実践がなされた[3]。このように、公教育の外にオルタナティブ学校を設立し、育てなかったということは、裏を返せば、それだけ公教育が異質なものをその枠内ではあっても取り入れることで、多様な実践を保障することがある程度できていたということを示しているように思われる。

しかしながら、公教育を根底から覆す教育や、公教育と全く異質な枠を有する教育は、公教育のみが認められる状況にあっては、十分に検討されることはなかった。しかし、もはや多様性とは、類似性の次元を超え、異質な次元や位相における多様な教育のあり方を保障することで、はじめてその多様性が尊重されるという状況にあることは、十分に銘記しなければならない。それゆえ、法律を遵守すること、また最低限の社会的ルールを守ることなどの条件に反しない限りにおいて、公教育とは質的に異なるオルタナティブ教育も認めることが、多様な子どもの人間形成を尊重する、ということになるように思われる。

4 三つの道：学校法人とNPO法人、そして公立学校への導入

オルタナティブ教育が日本で実践に移される道は、主に三つある。私立学校として学校法人の認可を得て、正規の学校として教育活動を行うか、あるいはそのような学校として認可されずに教育活動を遂行するか、または公立学校に導入するかという道である。第二の道に関しては規模がある程度まであれば、NPO法人としての地位を得て活動する道が取られている。本節では、それぞれの道を歩む三つのオルタナティブ教育を考察することを通して、オルタナティブ教育のこれからのあり方と、さらに日本の学校教育の課題について検討を試みたい。

(1) サマーヒル学校：学校法人きのくに子どもの村学園

学校法人として認められて、教育実践を行っている日本の代表的なオルタナティブ教育は、サマーヒル学校の理念と実践を取り入れた「きのくに子どもの村学園」である。この学園は、1992年に和歌山県橋本市に学校法人として設立され、まず小学校が開校、次いで1994年には中学校が開校されている。その後、1998年には福井県勝山市にかつやま子どもの村小学校が開校され、2009年に北九

州市に北九州子どもの村小学校、山梨県南アルプス市に南アルプス子どもの村小学校が開校、2011年には北九州子どもの村中学校、翌年には南アルプス子どもの村中学校が開校されている。また2019年に長崎県東彼杵郡にながさき東そのぎ子どもの村小学校、翌年には中学校が開校された。この学園は、A・S・ニイルによって設立され、イギリスを拠点に広がっているサマーヒル学校の理念、すなわち権威と強制を徹底的に排除すること、時間割を自由に自分で編成することができること、また週1回のミーティングで一人一票の投票権を教員と子どもが平等にもち、自分たちでルールを決めることなどの特徴をもっている。

きのくに子どもの村学園の創設者・堀真一郎は、公的補助を受けることができること、また現在の教育に批判の目を向け、それとは異なる教育の可能性と必要性をアピールするのに効果的であること、との理由から学校法人として学校を創ることが重要であると考え、設立当初から学校法人としての認可を得ることを目指した[4]。学校法人として認可される学校を作るには、建物や土地などのハード面の整備と、学習指導要領に従うというソフト面の対応を行うことが求められる。とくに、私立学校の設置にあたっては、原則として校地と校舎が自己所有であることが必要である。借り物の施設では、学校の安定した存続に不安があるためである。また自治体によっては多少異なるが、通常は開校後の一年間の経常経費に相当する現金預金がないと認可されない。このように、金銭的負担は甚大である。

(4) 堀真一郎『増補 自由学校の設計 きのくに子どもの村の生活と学習』黎明書房、2009年、142～143ページ。

きのくに子どもの村学園では、自治体の協力により校舎を自己所有しなくてもよく、また大手衣料メーカーからの多額の寄付があったために、認可の大きな壁を乗り越えられたとされており、オルタナティブ教育の学校を設立するには、自身に多額の資金の余裕がないかぎり、様々なところから賛同を得て、資金を集めることができなければならない。[5] またソフト面の学習指導要領については、各学校段階における科目と、科目ごとの履修時間数が定められているが、この時間数を確保すれば、時間割の組み方や休暇の取り方などは、広範囲にわたって校長や教育委員会の裁量に任されている。また学習指導要領の内容に関しても、必要がある場合は、一部の教科を合わせて授業を行うことが認められており、[6] また子どもの心身の状況に応じて、また地域の実態に応じて、柔軟に教科の授業を変えることも禁止されていない。[7] それゆえこの学園で行われている、「たんけんくらぶ」、「うまいものをつくる会」、「工務店」、「旅行社」といったプロジェクト学習も、各教科の学びに割り当てられる範囲が明示されれば、学習指導要領から逸脱していないと理解される。このようなハード・ソフト両面の対応を行うことで、きのくに子どもの村学園は、学校法人として認可され、現在に至るまで教育活動を行っている。

開校30年を目前にし、少しずつではあるが着実にこの学園の学校は増加している。学校は1学年10名から20名の規模であるが、全国から合わせて700人弱の児童生徒が在籍している。[8] 規模は決して大きいものではなくとも、30年近く持続的に教育

---

(5) 堀真一郎『きのくに子どもの村の教育 体験学習中心の自由学校の20年』黎明書房、2013年、197～201ページ。

(6) 学校教育法施行規則 第53条。

(7) 学校教育法施行規則 第54条、第55条。

(8) きのくに子どもの村学園HP。http://www.kinokuni.ac.jp/nc/html/htdocs/?page_id=13（2021年7月26日確認）

実践が行われて、また学校が拡大もしていることは、オルタナティブ教育が学校法人として認められることによって、多様な教育を子どもたちに保障するということが現実的に可能であることを示している。イギリスのサマーヒル学校と異なるところは、内容的には、きのくに子どもの村学園では、デューイの「活動的な仕事（active occupations）」の理論を応用して作られたプロジェクト学習が充実しているという点である。

それゆえ、日本の公立学校でも総合的な学習の時間等に影響を与え続けているデューイの教育哲学・実践を、きのくに子どもの村学園は部分的に取り入れながら、地域的・地理的な独自性を活用して、子どもの学びの場を構築しているという点で、日本の地理的特異性や、日本の公立学校の実践（やその背後にある考え方・思想）をも学びつつ、教育活動を練り上げていることが、自治体や市民の賛同をも得ることにつながり、オルタナティブ教育の持続的実践へと結びついているととらえることができる。便宜上、きのくに子どもの村学園をサマーヒル学校として取り上げてきたが、それゆえ、実際はサマーヒル学校を中心的な柱としつつ、日本の場に適した独自な学校を創り上げており、動的かつ創造的なオルタナティブ教育の学校として注目される。

(2) シュタイナー学校：学校法人としてのシュタイナー学園、NPO法人としてのシュタイナー学校

シュタイナーによって1919年にドイツのシュトゥットガルトに創始され、現在は80か国以上で1000校以上の広がりを見せるシュタイナー学校は、日本では1960年代から注目されるようになり、1987年にフリースクールとして、日本初のシュタイナー学校である東京シュタイナーシューレが開校した。同校は数度の移転を経ながら2001年にNPO法人を取得し、2005年に神奈川県相模原市に学校法人シュタイナー学園として開校した。

同校は小泉政権下で導入された「構造改革特別区域（特区）」制度を利用し、「学習指導要領の教育課程の基準によらない特別の教育課程の編成・実施を可能とする特例」に基づき、相模原市の「藤野『教育芸術』特区」として認可され、現在では「教育課程特例校」として教育活動を行っている。もう一つの学校法人として北海道シュタイナー学園いずみの学校は、北海道伊達市で「豊浦『自然と芸術』教育特区」の認定を受けて2008年に開校した。関西では、京都で1994年に週1回の土曜クラスから始まり、2001年にNPO法人となった京田辺シュタイナー学校がある。この学校は、シュタイナー教育を専門的に学んだ人たちと、設立を願う一般市民との協働で開校された市民運動型の学校であり、保護者と教員がともに創

り上げるコミュニティという学校として、重要な存在である。その他、NPO法人東京賢治シュタイナー学校（1997年開校）、NPO法人横浜シュタイナー学園（2005年開校）、NPO法人愛知シュタイナー学園（2009年開校）、NPO法人シュタイナー学園（2009年開校）を合わせて計7校のシュタイナー学校が日本には存在している。このようなシュタイナー学校の特徴は、地域住民が勉強会などを重ね、学校の設立を希望する地域住民である保護者と、シュタイナー教育を学んだ専門家がともに手を取り合いながら、草の根的に学校を創り上げているということである。それゆえトップダウン式ではなく、横のつながりもはじめは決して強固ではなく、日本シュタイナー学校協会が成立したのは2013年であった。[9]

シュタイナー学校では、独自な哲学的人間観と発達段階論に基づきながら、特異な教育実践が行われている。具体的には、教科書は与えられるのではなく、子ども自ら作るものであり、またあらゆる学びに芸術が入り込んでいるとともに、初等中等段階では基本的にテストがなく、オイリュトミーや演劇の授業があり、また主要教科の一つを4週間集中的に学ぶことを繰り返す周期集中授業（エポック授業）方式が採用されている。そのため、学ぶ内容も方法も、そして時間数も学習指導要領とは大きく異なっている。それゆえ、学校法人として認可されるには、現状では、学ぶ教科の単なる読み替えでは対応できないところがあり、教育特区という制度を利用することが求められている。またハード面に関しては、施設の自己所有の原則

(9) 広瀬俊雄・遠藤孝夫・池内耕作・広瀬綾子編『シュタイナー教育100年——80カ国の人々を魅了する教育の宝庫』昭和堂、2020年、48〜56ページ。

が緩和されたこともあり、過疎化や少子化などで閉校した学校を自治体から借り受けるなどして対応することで、認可基準を満たすことが行われている。

しかしこのことは、学校が必然的に街中から離れることになり、保護者の役割も重視するシュタイナー教育においては、そのような場所に学校が開校・移転されることは、児童生徒の募集に支障をきたすことになる。このような問題もあり、シュタイナー学校は、いまだNPO法人として運営されている学校が多くを占める。教育特区を利用するという点、また閉校した学校を借り受けるという点で、シュタイナー学校にとって自治体の協力が不可欠であり、地域の実情に大きく左右されてしまうのである。決して多くの人が、学校のある地域を求めて移住することができるわけではない。オルタナティブ教育といいながらも、このような認可の厳しい現状では、実質的にオルタナティブになっていないと言わざるを得ない。

シュタイナー学校は、このように多くは文部科学省に認められてない非正規の学校ではあるが、しかしNPO法人京田辺シュタイナー学校はユネスコスクールに認定されており、2016年には文科省が推進する「ESD重点校形成事業」で全国24校の「サステイナブルスクール」にも選ばれている。文科省はこの学校を一方で学校として認めないにもかかわらず、サステイナブル（持続的）な学校として認めているのである。[10] このことは一体何を意味しているのだろうか。ユネスコスクールは、文科省も日本ユネスコ国内委員会とともに、ESDの推進拠点として位置づけ

(10) 同右書、189～190ページ。

ており、評価している。日本国内にのみ適用される学習指導要領を超えたユネスコの理念を、すでに文科省は認めている。この事実は、それゆえ公教育の枠から外れている教育であっても、ユネスコの理念の実現を実践する学校の教育も、認められるべきであることを示している。このことは、国内の問題は国境を越えており、世界と関わらざるを得ないのと同様に、学校教育も国境を越えてあらざるを得ず、それゆえにこそ、オルタナティブ教育は、公教育を補うとともに、教育そのもののこれからのあり方を提示する道標の一つになることを表しているのである。

(3) イエナプランに基づく学校：広島県福山市立の小学校（名称未定2022年春開校予定：校舎は福山市立常石小学校を活用し移行期間となっている）

イエナプラン教育はドイツのペーター・ペーターゼンが創始し、1960年代ごろから主にオランダで広がりを見せた。現在オランダでは、イエナプラン教育を行う小学校は200校以上ある。イエナプラン教育の特徴は、異年齢集団で活動することであり、また対話・遊び・仕事（学習）・催し（行事）の四つの活動を通して、個性を尊重しながら自律と共生を学んでいく教育を展開している。イエナプランを取り入れた学校は、NPO法人コクレオの森が運営する箕面子どもの森学園（2004年開校）や、私立学校としては大日向小学校（長野県佐久穂町：2019年開校）があるが、公立学校としては、広島県福山市立の小学校が初めての学校となる。

福山市は、２０１６年に「変化の激しい社会をたくましく生き抜く子ども」の育成を目指す「福山１００ＮＥＮ教育」を宣言しており、一人一人の学ぶスピードや理解度を尊重しながら、一斉授業やテストのあり方を見直すことを始めていた。そして２０１８年から七つのパイロット校を中心に各教科や総合的な学習の時間で、異年齢での学びを取り入れ始めた。また、イエナプラン教育を高く評価する広島県の平川理恵教育長のオランダ視察に同行した福山市の三好雅章教育長のリーダーシップもあり、さらには地元企業の常石グループの援助もあり、イエナプラン教育を取り入れた公立小学校を開設するに至ったという。現在、常石小学校において先行的に始められているイエナプラン教育について校長の甲斐和子は「異年齢を感じなくなってきています。当初は上の学年が下の学年を教える姿が目立ちました。今も上の学年がみんなの意見が出やすいようリードするなど人間関係のなかでは年齢差を感じますが、いざ活動に入るとそれぞれが得意なことをやって協力し合っており、学年は関係なくなってきたと感じています」と話している。[11]

公立小学校へのオルタナティブ教育の導入をめぐっては、教育長や校長の強力なリーダーシップが重要であることを、この福山市の事例は物語っている。文科省がオルタナティブ教育を内容的に取り入れるのでないかぎり、残すところ鍵となるのは地方自治体の教育委員会の意向と取り組みである。もちろん、地方自治体の教育委員会や教育政策には、その自治体の住民の意向も間接的に反映されていることは

---

(11)　東洋経済オンライン「公立初「イエナプラン教育校」に移住者も集う訳　福山市立常石小「異年齢集団教育」の成果」（２０２１年３月17日）https://toyokeizai.net/articles/-/416470（２０２１年７月26日確認）。

言うまでもない。教育機会確保法がオルタナティブ教育の展開にとって十分でないため、このように公立学校に部分的でもオルタナティブ教育の実践を取り入れる草の根的な地方自治体の取り組みは、これから重要になってくると考えられる。

5 地方から世界へ

教育は誰のものだろうか。人間が法治国家において生きているのであれば、人間を形成する教育は国家が（様々な関与の仕方はあるにせよ）行っていると考えることができる。しかしそれでは国家とは何か。孤立した独立的存在であるのか。あるいは国家はさらに世界において存在するのではないか。教育の国家独占は、歴史的に悲惨な事態を引き起こしてきた。国家は、子どもそのものを考えるよりも、政治的状況を優先的に考え、ともすれば子どもや青年を国家の存立・「発展」のために利用しかねないからである。もちろん教育にとって国家は重要である。しかし国家のみが教育を独占することは、かえって子どもと人間のもっている素質と能力を開花させるという教育の使命を妨げることにもなりかねない。子どもと人間の形成を基点に掲げるオルタナティブ教育は、このような国家における教育を補うのみならず、さらに一国に閉ざされず世界に開かれた教育の推進を後押しするものである。

その際可能性の一つとして考えられるのは、今まで見てきたように、オルタナティブ教育を行う学校の実践のみならず、地方自治体の柔軟な取り組みである。国家よりも地方自治体の方が、より地域住民の要望や子どもの形成の希望、また実態を踏まえて、教育活動を構想しやすい。地方自治体の教育活動を通してこそ、国家の制限を超えて、世界へと教育を構想することができるのではないか。

これからは、学習指導要領が文部科学省が告示するという形をとるものでよいのかどうかも議論する必要がある。多様なニーズをもつ子どもが増える中で、一つの学習指導要領でそのような子どもの教育を規定するのには限界がある。むしろ、地方自治体が学習指導要領を制定できるようにしてはどうか。各都道府県が、それぞれの学習指導要領を作り、学校を認可し、特色ある学校教育を行うのである。各都道府県の学習指導要領を検討するには、地域住民やその地域の教員、大学の研究者が教育に責任をもちながら協働することが求められる。このようになることで、与えられた教育ではなく、自らともに創り上げる教育が生み出されるようになる。地方の閉鎖性を打ち破ることなど課題はあるが、国家でも個人でもなく、地方自治体こそが、現実的には柔軟に多様で自由な教育を行う力を有していると思われる。

日本では歴史的に、生活綴り方教育や郷土教育など、地理的な地域に根差した独自な教育が盛んに行われていた。この強みを生かしながら、新たなオルタナティブ教育を通して、国家の枠に捕らわれない世界市民的な教育の実現を目指すことが求められている。

○巻末資料

※主に参照している章毎にまとめた。

〈第１章〉

・「安心と成長の未来を拓く総合経済対策」（閣議決定）２０１９年12月。
・教育再生実行会議「これまでの提言の実施状況について（報告）」２０１８年５月。
・教職課程コアカリキュラムの在り方に関する検討会（文部科学省）「教職課程コアカリキュラム」２０１７年11月。
・中央教育審議会「新しい時代にふさわしい高大接続の実現に向けた高等学校教育、大学教育、大学入学者選抜の一体的改革について（答申）」２０１４年12月。
・中央教育審議会「チームとしての学校の在り方と今後の改善方策について（答申）」２０１５年12月。
・中央教育審議会「これからの学校教育を担う教員の資質能力の向上について～学び合い、高め合う教員育成コミュニティの構築に向けて～（答申）」２０１５年12月。
・中央教育審議会「新しい時代の教育や地方創生の実現に向けた学校と地域の連携・協働の在り方と今後の推進方策について（答申）」２０１５年12月。
・中央教育審議会「新しい時代の教育に向けた持続可能な学校指導・運営体制の構築のための学校における働き方改革に関する総合的な方策について（答申）」２０１９年１月。
・文部科学省「高大接続改革実行プラン」２０１５年１月。

〈第２章〉

・育成すべき資質・能力を踏まえた教育目標・内容と評価の在り方に関する検討会（文部科学省）「育成すべき資質・能力を踏まえた教育目標・内容と評価の在り方に関する検討会―論点整理―について」２０１４年３月。
・教育再生実行会議「技術の進展に応じた教育の革新、新時代に対応した高等学校改革について（第11次提言）」２０１９年５月。
・教職課程コアカリキュラムの在り方に関する検討会（文部科学省）「教職課程コアカリキュラム」２０１７年11月。
・中央教育審議会「今後の教員養成・免許制度の在り方について（答申）」２００６年７月。
・中央教育審議会「教職生活の全体を通じた教員の資質能力の総合的な向上方策について（答申）」２０１２年８月。
・中央教育審議会教育課程企画特別部会「教育課程企画特別部会 論点整理」２０１５年８月。
・中央教育審議会「これからの学校教育を担う教員の資質能力の向上について（答申）」２０１５年12月。
・中央教育審議会「新しい時代の教育に向けた持続可能な学校指導・運営体制の構築のための学校における働き方改革に関する総合的な方策について（答申）」２０１９年１月。
・中央教育審議会初等中等教育分科会 新しい時代の初等中等教育の在り方特別部会 新しい時代の高等学校の在り方ワーキンググループ「新しい時代の高等学校の在り方ワーキンググループ（審議まとめ）～多様な生徒が社会とつながり、学ぶ意欲が育まれる魅力ある高等学校教育の実現に向けて～」２０２０年11月。
・中央教育審議会「『令和の日本型学校教育』の構築を目指して

～全ての子供たちの可能性を引き出す、個別最適な学びと、協働的な学びの実現～（答申）」２０２１年１月。
・自由民主党「教育再生実行本部（平成の学制大改革部会、大学・入試の抜本改革部会、新人材確保法の制定部会）第二次提言」２０１３年５月。
・文部科学省「小学校学習指導要領解説 総則編」２００８年６月。
・文部科学省「小学校学習指導要領解説 総則編」２０１７年７月。

〈第３章〉

・「教育振興基本計画」（閣議決定）２００８年７月。
・「第２期教育振興基本計画」（閣議決定）２０１３年６月。
・「第３期教育振興基本計画」（閣議決定）２０１８年６月。
・一般社団法人日本教育情報化振興会「情報通信技術を活用した教育振興事業　ＩＣＴ支援員の育成・確保のための調査研究　成果報告書」文部科学省委託事業、２０１８年３月。
・経済産業省「理数系人材の産業界での活躍に向けた意見交換会」２０１８年８月～２０１９年３月。
・経済産業省「EdTech導入補助金」２０２０年～。
・経済産業省・文部科学省「理工系人材育成に関する産学官円卓会議」２０１５年～２０１７年。
・経済産業省・文部科学省「数理及びデータサイエンス教育の強化に関する懇談会」２０１６年。
・総務省「原口ビジョン」２００９年12月、「原口ビジョンⅡ」２０１０年５月。
・総務省「フューチャースクール推進事業」２０１０年度～２０１３年度。
・大学における実践的な技術者教育のあり方に関する協力者会議（文部科学省）「大学における実践的な技術者教育のあり方」２０１０年６月。
・中央教育審議会「幼稚園、小学校、中学校、高等学校及び特別支援学校の学習指導要領等の改善及び必要な方策等について（答申）」２０１６年12月。
・内閣府ＡＩ戦略実行会議「ＡＩ戦略２０１９」２０１９年６月。
・みずほ情報総研株式会社「ＩＴ人材需給に関する調査　調査報告書」経済産業省委託事業、２０１９年３月。
・文部科学省「教育の情報化ビジョン～21世紀にふさわしい学びと学校の創造を目指して～」２０１１年４月。
・文部科学省「学びのイノベーション事業報告書」２０１４年４月。
・文部科学省「人口減少社会におけるＩＣＴの活用による教育の質の維持向上に係る実証事業」２０１５年度～２０１７年度。
・文部科学省「地方自治体の教育の情報化推進事例―ＩＣＴ活用教育アドバイザー派遣―」２０１５年度～。
・文部科学省「ＪＡＢＥＥの技術者教育認定に関する検討委員会」２０１６年６月～２０１７年１月。
・文部科学省「大学における工学系教育の在り方に関する検討委員会」２０１７年１月～。
・文部科学省「学校ＩＣＴ環境整備促進実証研究事業（統合型校務支援システム導入実証研究事業）」２０１７年度～２０１９年度。
・文部科学省「次世代の教育情報化推進事業『情報教育の推進等に関する調査研究』」２０１７年度～２０１９年度。

・文部科学省「ICTを活用した教育推進自治体応援事業（ICTを活用した学びの推進プロジェクト）報告書」2017年3月。
・文部科学省「先導的な教育体制構築事業」（報告書）2017年3月。
・文部科学省「小学校学習指導要領」2017年3月。
・文部科学省「中学校学習指導要領」2017年3月。
・文部科学省「工学系教育改革制度設計等に関する懇談会」2017年9月〜2018年3月。
・文部科学省「高等学校学習指導要領」2018年3月。
・文部科学省「学校ICT環境整備促進実証研究事業（遠隔教育システム導入実証研究事業）」2018年度〜2019年度。
・文部科学省「教育のICT化に向けた環境整備5か年計画」2018年度〜2022年度。
・文部科学省「大学の数理・データサイエンス教育強化方策推進検討委員会」2019年〜。
・文部科学省「新時代の学びにおける先端技術導入実証研究事業」2019年度〜。
・文部科学省「教育の情報化に関する手引」2019年12月、2020年6月追補版。
・文部科学省「小学校プログラミング教育の手引（第三版）」2020年2月、2018年3月初版。
・文部科学省「GIGAスクール構想の実現へ」2020年。
・文部科学省「教育データの利活用に関する有識者会議」2020年〜。
・文部科学省「令和元年度学校における教育の情報化の実態等に関する調査結果（概要）【確定値】」2020年10月。
・臨時教育審議会「第二次答申」1986年4月。

〈第4章〉
・「第2期科学技術基本計画（平成13〜17年度）」（閣議決定）2001年3月。
・「科学技術基本計画」（閣議決定）2016年1月。
・教育再生実行会議「技術の進展に応じた教育の革新、新時代に対応した高等学校改革について（第11次提言）」2019年5月。
・経済産業省「未来の教室」とEdTech研究会「『未来の教室』ビジョン」2019年6月。
・スーパーサイエンスハイスクール（SSH）支援事業の今後の方向性等に関する有識者会議（文部科学省）「スーパーサイエンスハイスクール（SSH）支援事業の今後の方向性等に関する有識者会議　報告書」2018年9月。
・スーパーサイエンスハイクール（SSH）支援事業の今後の方向性等に関する有識者会議（文部科学省）「第二次報告書に向けた論点整理」2020年12月。
・スーパーサイエンスハイスクール（SSH）支援事業の今後の方向性等に関する有識者会議（文部科学省）「スーパーサイエンスハイスクール（SSH）支援事業の今後の方向性等に関する有識者会議　第二次報告書」2021年7月。
・中央教育審議会「『令和の日本型学校教育』の構築を目指して〜全ての子供たちの可能性を引き出す、個別最適な学びと協働的な学びの実現〜（答申）」2021年1月。

〈第5章〉
・「教育振興基本計画」（閣議決定）2013年6月。
・「日本再興戦略―JAPAN is BACK―」（閣議決定）2013年6月。

・教育再生実行会議「これからの大学教育等の在り方について（第三次提言）」２０１３年5月。
・グローバル人材育成推進会議（首相官邸）「グローバル人材育成戦略（グローバル人材育成推進会議審議まとめ）」２０１２年6月。
・スーパーグローバルハイスクール企画評価会議（文部科学省）「平成26（２０１４）年度からＳＧＨに指定した56校の事後評価の結果について」２０２０年3月。
・Society5.0に向けた人材育成に係る大臣懇談会（文部科学省）「Society5.0に向けた人材育成～社会が変わる、学びが変わる～」２０１８年6月。
・中央教育審議会「第２期教育振興基本計画について（答申）」２０１３年4月。
・文部科学省初等中等教育局国際教育課「スーパーグローバルハイスクール（ＳＧＨ）事業検証に関する中間まとめ」２０１８年7月。

〈第6章〉

・教育再生実行会議「これからの大学教育等の在り方について（第三次提言）」２０１３年5月。
・教育再生実行会議「高等学校教育と大学教育との接続・大学入学者選抜の在り方について（第四次提言）」２０１３年10月。
・高大接続システム改革会議（文部科学省）「最終報告」２０１６年3月。
・大学入試のあり方に関する検討会議（文部科学省）「第16回参考資料」２０２０年10月。
・大学入試のあり方に関する検討会議（文部科学省）「大学入試のあり方に関する検討会議提言」２０２１年7月。

・中央教育審議会初等中等教育分科会教育課程部会「児童生徒の学習評価の在り方について（報告）」２０１０年3月。
・中央教育審議会「新たな未来を築くための大学教育の質的転換に向けて～生涯学び続け、主体的に考える力を育成する大学へ～（答申）」２０１２年8月。
・中央教育審議会「新しい時代にふさわしい高大接続の実現に向けた高等学校教育、大学教育、大学入学者選抜の一体的改革について～すべての若者が夢や目標を芽吹かせ、未来に花開かせるために～（答申）」２０１４年12月。
・文部科学大臣決定「高大接続改革実行プラン」２０１５年1月。
・文部科学省高等教育局長「平成3年度大学入学者選抜実施要項の見直しに係る予告について（通知）」２０１７年7月。
・文部科学省「小学校、中学校、高等学校及び特別支援学校等における児童生徒の学習評価及び指導要録の改善等について（通知）」２０１９年3月。

〈第7章〉

・大学審議会「高等教育の一層の改善について（答申）」１９９７年12月。
・大学審議会「21世紀の大学像と今後の改革方策について～競争的環境の中で個性輝く大学～（答申）」１９９８年10月。
・大学審議会「グローバル化時代に求められる高等教育の在り方について（答申）」２０００年11月。
・中央教育審議会「新しい時代における教養教育の在り方について（答申）」２００２年2月。
・中央教育審議会「我が国の高等教育の将来像（答申）」２００５年1月。

・中央教育審議会「学士課程教育の構築に向けて（答申）」2008年12月。
・中央教育審議会「新たな未来を築くための大学教育の質的転換に向けて～生涯学び続け、主体的に考える力を育成する大学へ～（答申）」2012年8月。
・中央教育審議会「新しい時代にふさわしい高大接続の実現に向けた高等学校教育、大学教育、大学入学者選抜の一体的改革について～すべての若者が夢や目標を芽吹かせ、未来に花開かせるために～（答申）」2014年12月。
・中央教育審議会大学分科会大学教育部会「『卒業認定・学位授与の方針』（ディプロマ・ポリシー）、『教育課程編成・実施の方針』（カリキュラム・ポリシー）及び『入学者受入れの方針』（アドミッション・ポリシー）の策定及び運用に関するガイドライン」2016年3月。
・中央教育審議会「2040年に向けた高等教育のグランドデザイン（答申）」2018年11月。

〈第8章〉
・グローバル人材育成推進会議「中間まとめ」2011年6月。
・首相官邸「新成長戦略」2010年6月。
・首相官邸「日本再興戦略」2013年6月。
・日本学術振興会「経済社会の発展を牽引するグローバル人材育成支援」2012年～2017年。
・日本学術振興会「世界トップレベル研究拠点プログラム」2007年～。
・日本学術振興会「大学の国際化のためのネットワーク形成推進事業」2009年～2014年。
・日本学術振興会「大学の世界展開力強化事業」2011年～。
・日本学術振興会「スーパーグローバル大学創成支援事業」2014年～。
・文部科学省「留学生30万人計画骨子の策定について」2008年7月。
・文部科学省「国際化拠点整備事業（新規）」『文部科学省事業評価書―平成21年度新規・拡充事業等―』2009年。
・文部科学省「国立大学改革プラン」2013年11月。

〈第9章〉
・「専門職大学設置基準」2017年公布、2019年施行。
・教育再生実行会議「今後の学制等の在り方について（第5次提言）」2014年7月。
・中央教育審議会「今後の学校におけるキャリア教育・職業教育の在り方について（答申）」2011年1月。
・中央教育審議会「実践的な職業教育を行う新たな高等教育機関の在り方について　審議のまとめ」2015年3月。
・中央教育審議会「個人の能力と可能性を開花させ、全員参加による課題解決社会を実現するための教育の多様化と質保証の在り方について（答申）」2016年5月。

〈第10章〉
・教職課程コアカリキュラムの在り方に関する検討会（文部科学省）「教職課程コアカリキュラム」2017年11月。
・自由民主党「教育再生実行本部（平成の学制大改革部会、大学・入試の抜本改革部会、新人材確保法の制定部会）第二次提言」2013年5月。
・中央教育審議会「今後の教員養成・免許制度の在り方について（答申）」2006年7月。

・中央教育審議会「教職生活の全体を通じた教員の資質能力の総合的な向上方策について（答申）」2012年8月。
・中央教育審議会「これからの学校教育を担う資質能力の向上について～学び合い、高め合う教員育成コミュニティの構築に向けて～（答申）」2015年12月。
・中央教育審議会「新しい時代の教育に向けた持続可能な学校指導・運営体制のための学校における働き方改革に関する総合的な方策について（答申）」2019年1月。

〈第11章〉
・文部科学省「令和元年度　児童生徒の問題行動・不登校等生徒指導上の諸課題に関する調査結果について」2020年11月。

執筆者一覧（執筆順）

南部　広孝　京都大学大学院教育学研究科・教授　（編著者／はじめに）
（京都大学大学院教育学研究科教育実践コラボレーション・センター長）

服部　憲児　京都大学大学院教育学研究科・准教授　（第1章、第4章、第5章）
松本　圭将　京都大学大学院教育学研究科・博士後期課程 学生　（第1章、キーワード解説）
森本　和寿　大阪教育大学総合教育系・特任講師　（第2章）
西岡加名恵　京都大学大学院教育学研究科・教授　（第2章、第6章）
久富　望　京都大学大学院教育学研究科・助教　（第3章）
楠見　孝　京都大学大学院教育学研究科・教授　（第3章）
鎌田　祥輝　京都大学大学院教育学研究科・博士後期課程 学生、
日本学術振興会特別研究員　（第4章）
祁　白麗　京都大学大学院教育学研究科・博士後期課程 学生、
日本学術振興会特別研究員　（第5章）
石田　智敬　京都大学大学院教育学研究科・博士後期課程 学生、
日本学術振興会特別研究員（第6章）
本宮裕示郎　千里金蘭大学生活科学部・助教　（第7章）
石井　英真　京都大学大学院教育学研究科・准教授　（第7章、第10章）
河野　真子　京都大学大学院教育学研究科・博士後期課程 学生　（第8章）
佐藤　万知　京都大学高等教育研究開発推進センター・准教授　（第8章）
（京都大学大学院教育学研究科・准教授）
張　潔麗　京都大学学際融合教育研究推進センター・特任助教　（第9章）
若松　大輔　京都大学大学院教育学研究科・博士後期課程 学生、
日本学術振興会特別研究員（第10章）
広瀬　悠三　京都大学大学院教育学研究科・准教授　（第11章・キーワード解説）
開沼　太郎　京都大学大学院教育学研究科・准教授　（キーワード解説）
小柳　亜季　京都大学大学院教育学研究科・博士後期課程 学生、
日本学術振興会特別研究員（キーワード解説）

（所属・身分は2021年10月時点）

監修者紹介

京都大学大学院
教育学研究科教育実践
コラボレーション・センター

http://collabo.educ.kyoto-u.ac.jp/

京都大学大学院教育学研究科の「子どもの生命性と有能性を育てる教育・研究推進事業」を推進すべく2007年４月に研究科内に設置された。子どもをめぐる教育問題の中心を、「生命性を深めること」(心の問題)と「有能性を高めること」(学力問題) という二つの軸として取り出し、そのトータルな育成の方法を探ろうとしている。また、E.FORUMで各種の教員研修を開催し、全国の先生方に実践交流の機会を提供している（https://e-forum.educ.kyoto-u.ac.jp/)。

検証
日本の教育改革
―激動の2010年代を振り返る

2021年10月31日　初版第１刷発行

監修者　京都大学大学院教育学研究科
　　　　教育実践コラボレーション・センター
編著者　南部　広孝
発行人　花岡　萬之
発行所　学事出版株式会社
　　　　〒101-0021
　　　　東京都千代田区外神田2-2-3
　　　　電話　03-3255-5471
　　　　HPアドレス　https://www.gakuji.co.jp/

編集担当　二井　豪
デザイン　田口亜子
制作協力　上田　宙（烏有書林）
印刷・製本　電算印刷株式会社

ISBN 978-4-7619-2753-0　C3037